In dieser Reihe sind
bisher erschienen:

Richtig Aerobic
Richtig Badminton
Richtig Basketball
Richtig Body-Styling
Richtig Carven
Richtig Fitness-Skating
Richtig Fußball
Richtig Golf
Richtig Golf länger und genauer
Richtig Golf rund ums Grün
Richtig Inline-Skating
Richtig Jogging
Richtig Kanufahren
Richtig Karate
Richtig Marathon
Richtig Mountainbiken
Richtig Muskeltraining
Richtig Paragliding
Richtig Reiten
Richtig Rennradfahren
Richtig Schwimmen
Richtig Segeln
Richtig Skitouren
Richtig Snowboarding
Richtig Sportklettern
Richtig Stretching
Richtig Taekwondo
Richtig Tai-Bo
Richtig Tanzen Lateinamerikanische Tänze
Richtig Tanzen Modetänze
Richtig Tanzen Standardtänze
Richtig Tauchen
Richtig Tennis
Richtig Tennistraining
Richtig Tischtennis
Richtig Torwarttraining
Richtig Volleyball
Richtig Walking
Richtig Yoga

RICHTIG

BLV SPORTPRAXIS TOP

Robbi Dienersberger

Tai-Bo

Die deutsche Bibliothek –
CIP-Einheitsaufnahme

Ein Titeldatensatz für diese Publikation ist bei Der Deutschen Bibliothek erhältlich

BLV Verlagsgesellschaft mbH
München Wien Zürich
80797 München

BLV Sportpraxis Top

Lektorat: Dr. Bettina Gratzki, München
Herstellung: Peter Rudolph
Umschlaggestaltung: Joko Sander Werbeagentur, München
Umschlagfotos: Vorderseite: Stone,
Rückseite: Susanne Kracke
Layoutkonzeption: Parzhuber & Partner
DTP: Satz+Layout Fruth GmbH, München
Druck: BOSCH-Druck, Ergolding
Bindung: Bückers, Anzing

Gedruckt auf chlorfrei gebleichtem Papier

Printed in Germany · ISBN 3-405-16301-3

Robbi Dienersberger, Fitness Consultant, über 10 Jahre Kampfsporterfahrung (Taekwondo, Judo, Boxen), seit 1989 in der Fitness-Branche tätig. Aus- und Fortbildung bei Safs & Beta (School for Professionals). Aerobic Master Trainer Diplom. Entwickler und Teamleiter des Tai-Bo-Programms. Staatlich geprüfter Betriebswirt und Unternehmensberater für Fitness-Studios. Internationaler Aerobic Presenter und bis 2001 Ausbildungsleiter bei Safs & Beta.
FIT for FUN Experte, Club Robinson, Puma Trainer.

Hinweis
Das vorliegende Buch wurde sorgfältig erarbeitet. Dennoch erfolgen alle Angaben ohne Gewähr. Weder Autor noch Verlag können für eventuelle Nachteile oder Schäden, die aus den im Buch vorgestellten Übungen und Informationen resultieren, eine Haftung übernehmen.

Wir danken der Firma Puma für ihre freundliche Unterstützung.

Einführung

Fitnesstraining gewinnt seit den letzten 20 Jahren in unserem täglichen Leben zunehmend an Bedeutung. Bedingt durch Veränderungen in den Lebensgewohnheiten, im Freizeitverhalten und im Berufsleben treten heute vermehrt Zivilisationskrankheiten wie Rückenprobleme und Übergewicht auf. Durch die vielen verschiedenen Programme, die in den letzten Jahren entwickelt und angeboten wurden, konnte so manchem geplagten Menschen geholfen werden.

Aber nicht nur physisch, auch psychisch hat sich das Training positiv auf unser Leben ausgewirkt. Die Motivation für eine sportliche Betätigung ist unterschiedlich: Für die einen ist sie ein Ausgleich zum Alltag, andere möchten von privaten oder beruflichen Sorgen abschalten, sich einfach nur wohl fühlen, Ruhe finden oder sich neuen Herausforderungen stellen.

Tai-Bo als Gruppensport: Der Punch, eine Basic-Technik, sollte in keiner Übungsstunde fehlen.

Seit der Jahrtausendwende gibt es eine Fitnessrichtung, die neue Akzente im Training setzt und eine neue Ära einläutet: Tai-Bo.
Auch ähnliche Sportarten wie Tae Bo, Nike's Fighting Fit oder Professional Fight Club konnten sich in Europa in Windeseile durchsetzen und werden mit wahrer Euphorie von jungen und alten Fitnessbegeisterten trainiert. Im Großen und Ganzen geht es bei diesen Programmen immer um das Gleiche: Fitnesstraining in Kombination mit Kampfsport.
Was war passiert? Gerade in den letzten Jahren stieg einerseits die Zahl derer, die die Vorteile von einem Gruppentraining – wie soziale Kontakte und gemeinsam erlebte Trainingserfolge – erkannten. Andererseits wurde vielen jedoch ein Einstieg in diese Stunden erschwert: Die herkömmlichen Programme im Bereich Aerobic wurden im Laufe der Jahre komplizierter, da man in den Fitness-Stunden immer mehr Wert auf Choreographie legte. Teilnehmer, die diesen Anspruch nicht hatten, wurden somit von den Kursen ausgeschlossen.
Der nun folgende Gedankengang war einfach. Man muss ein Programm entwickeln, an dem sowohl Männer als auch Frauen, Einsteiger wie Fortgeschrittene, Jung wie Alt teilnehmen können. Der Ablauf sollte einfach, der Trainingseffekt jedoch intensiv sein. Jeder Teilnehmer muss entscheiden können, wie lange er selbst mitmachen möchte. Und der wichtigste Punkt: Das Training muss gesundheitsfördernd und sicher sein.

Tai-Bo ist eine Fitnessgymnastik, welche die gesundheitlichen Sicherheitsrichtlinien verfolgt und durch das Einbeziehen von Kampfsportelementen ein optimales Ausdauer- und Kräftigungstraining garantiert.

Das Ergebnis dieser Überlegungen war ein neues Fitnessprogramm: Tai-Bo, das schnell zum Fitness-Trend 2000 avancierte.
Der Anteil der Männer, die an diesen Stunden teilnehmen, beträgt zum Teil bis zu 50 Prozent. Gerade Teilnehmer über 30 Jahre, die richtig trainieren wollen, besuchen diese Stunden. Aber auch bei Jugendlichen findet Tai-Bo besonderen Anklang. Einsteiger, die unkompliziert trainieren wollen, sind ebenfalls von Tai-Bo begeistert.
Für Ihre Mithilfe bei der Entwicklung dieses Fitnessprogramms bedanke ich mich bei meinen Weggefährten, die über Jahre hinweg an meiner Seite zielstrebig und konsequent mitgearbeitet haben: Bei Nicole Gleim, die von Anfang an meine treibende Kraft war, dieses Programm zu verwirklichen, und bei Mirelle Dorit Herpel, die mich bei meiner Arbeit stets unterstützte. Außerdem möchte ich mich bedanken bei Mun-Gyo Choi (Koreanischer Großmeister 5. Dan Taekwondo), der durch seine fachliche Unterstützung immer wieder neue Akzente setzte, und natürlich bei Manuela Stern (Lektorin bei BLV), die mich zum

Tai-Bo fördert die Beweglichkeit. Wer häufig trainiert, kann bald auch höhere Kicks ausführen, zum Beispiel den Frontkick.

Schreiben dieses Buches anspornte und mir mit Rat und Tat zur Seite stand. Vielen Dank an euch, denn ohne eure treue und wertvolle Hilfe wäre Tai-Bo nicht so schnell erfolgreich geworden.

Tai-Bo, der neue Fitness-Trend

Durch seine Vielfalt an Bewegungsmöglichkeiten und seine Intensität ist Tai-Bo ein ausgewogenes Kräftigungstraining, aber auch ein mittleres bis starkes Ausdauer- und ein wichtiges Dehnungs- und Entspannungsprogramm. Gerade dieses Ganzkörpertraining und seine asiatischen Einflüsse wissen die Teilnehmer besonders zu schätzen.
Zunächst bereitet sich der Teilnehmer auf die Lektion vor – weg vom Alltagsstress, den Kopf freimachen und abschalten. Bewegungen aus dem Tai Chi, Einflüsse des Qi Gong, Atem- und Gleichgewichtsübungen helfen dabei.
Dann folgt die Aufwärmphase. Effiziente Übungen, die sich auf Erfahrungen und Untersuchen der letzten 10 Jahre stützen, führen langsam zum anschließenden Kräftigungs- und Ausdauerteil. Dabei werden keine Aerobicschritte verwendet, die viele Männer und Einsteiger abschrecken. Jetzt folgen Übungen aus dem Kampfsport, die teilweise den Anforderungen von Tai-Bo angepasst wurden. Viel Bewegung und Technik stehen im Vordergrund. Ein gelenkschonendes Training, gepaart mit Fitnesselementen, guter Musik und Animation, garantiert eine kurzweilige und schweißtreibende sportliche Betätigung.
Durch genaue Erklärungen und stetige Technikkorrekturen erreicht man letzt-

endlich genau das, was sich viele Fitnessbegeisterte und Sportler schon immer gewünscht haben: ein effektives Workout. Es wird aktiv mit dem Oberkörper gearbeitet und man trainiert vermehrt die Tiefenmuskulatur, besonders im Rückenbereich. Immer mehr Menschen klagen heute über Rückenschmerzen. Daher wird Tai-Bo auch von vielen Physiotherapeuten und Sportmedizinern für gut geheißen. Tai-Bo verbessert die Körperhaltung, baut – gerade im Rückenbereich – die Muskulatur auf und trägt somit erheblich zu einem schmerzfreien Zustand und zum allgemeinen Wohlbefinden bei.

Gleichermaßen hilft Tai-Bo ausgezeichnet bei der Bewältigung von Stress. Die Teilnehmer müssen sich nicht zu sehr auf Choreographie und Tanz konzentrieren, sondern können ihre Aufmerksamkeit ganz auf sich selbst und das Training lenken. Alles Unwesentliche wird ausgeblendet. Des Weiteren wachsen durch das »Kämpfen« mit einem imaginären Gegner das Selbstwertgefühl, die Selbstsicherheit und somit das Selbstvertrauen. Bei den Animationen von gut ausgebildeten Trainern verschmilzt die Gruppe zu einer verschworenen Gemeinschaft, wodurch soziales Verhalten gestärkt wird.

Am Ende einer Trainingseinheit stehen das Cool-down (langsames Zurückführen und Absenken des Belastungspulses in die Regeneration), Dehnübungen (Vermeidung von Verkürzungen der beanspruchten Muskulatur) und der wohl angenehmste Teil, die Entspannung. Auch hier unterscheidet sich Tai-Bo von vielen anderen Programmen. Während jetzt die meisten Personen zurück in den Alltag kehren, wird bei Tai-Bo noch etwas länger »gearbeitet«. Durch bestimmte Methoden wie Progressive Muskelrelaxation, Fußakupressur, Atemübungen oder Fantasiereisen kann der Teilnehmer Anspannungen des Tages oder des Trainings abbauen. Er hat anschließend das gute Gefühl, sich nicht nur sportlich betätigt zu haben, sondern auch erholt und regeneriert das Fitness-Studio zu verlassen. Nach Tai-Bo fühlen sich die meisten nicht müde und matt, sondern fit und voller Energie.

Ausgewogenes und intensives Dehnen beugt Verletzungen vor und fördert die Beweglichkeit.

Die Grundlagen

Herkunft und Weiterentwicklung

Viele Fitness-Sportler kennen die amerikanische Videoreihe, in der Billy Blanks zeigt, wie er in seinem Club Tae Bo trainiert. Die Videos fanden in Deutschland großen Anklang und viele hatten den Wunsch dieses oder ein ähnliches Übungsprogramm zu probieren.
Deshalb setzten sich einige erfahrene Fitnesstrainer mit diesem Thema auseinander. 1999 entwickelte ich für die Ausbildungsschule Safs & Beta ein eigenständiges Programm, Tai-Bo. Schon in den ersten Monaten wurde es zu einem Renner. Kein Ausbildungsprogramm hat seither europaweit so viele Trainer angesprochen wie Tai-Bo. An dieser Weiterentwicklung war und ist Renate Voithenleitner, eine international anerkannte Referentin und Presenterin, maßgeblich beteiligt. Dazu kamen noch koreanische Taekwondo-Experten.
Seit den letzten zwei Jahren werden verschiedenste Kampfsportprogramme angeboten. Tai-Bo ist deshalb für viele Menschen interessant, weil es folgende Kriterien erfüllt:

- Es wird von speziell ausgebildeten Trainern angeboten.
- Der Unterricht berücksichtigt gesundheitsorientierte Aspekte.
- Kampfsportelemente sind fitnessorientiert modifiziert.

Drei Sportarten flossen maßgeblich in die Entwicklung von Tai-Bo ein: Boxen, Taekwondo und Aerobic.

Boxen

Boxen kann für jeden etwas sein, es kommt nur auf die Betrachtungsweise an. Meist verbinden wir Boxen mit einer wilden Schlägerei in einem Boxring: Männer schlagen mit den Fäusten aufeinander ein und tragen blaue Augen davon. Man kann und sollte das Boxen aber auch einmal von einer anderen Seite aus betrachten: In erster Linie dient das Boxen der körperlichen Ertüchtigung, der Konzentration und der Disziplin. Jeder, der schon einmal an einem Boxtraining teilgenommen hat, kann dies bestätigen. Der Trainingsaufwand, der eigene Wille, das Techniktraining, die Taktik – diese Dinge stehen im Vordergrund. Vom Kämpfen ist noch keine Rede.
Auch beim Boxen spielen Kraft, Ausdauer, Beweglichkeit und Koordination eine wichtige Rolle. Dazu kommt noch der mentale Aspekt des Über-sich-Hinauswachsens, um auch einem überlegenen Gegner gegenübertreten zu können.
Später darf der Boxer im Ring zeigen, was er gelernt hat. Hier geht es mehr darum, sein Können und seine taktischen Fähigkeiten unter Beweis zu

stellen, als den Gegner ernsthaft und vorsätzlich zu verletzen.
Betrachten Sie einen Boxkampf im Fernsehen hinsichtlich der Technik und Taktik. Sie werden kaum noch auf die »Schlägerei« achten, sondern auf den Kampf an sich.
Darüber hinaus kann Boxen auch der Selbstverteidigung dienen. Schon vor über 3000 Jahren gab es Boxkämpfe. Zwar nicht solche, die wir heute kennen, aber das Grundprinzip ist ähnlich. Damals ging es um Ehre und Anerkennung sowie um Mut und Tapferkeit. Es gibt rund 7000 Jahre alte afrikanische Zeichnungen, die Menschen bei boxähnlichen Faustkämpfen zeigen. Auch ägyptische Darstellungen belegen diese Sportart. Um 1300 v. Chr. wurden in Indien Faustkämpfe abgehalten und 668 v. Chr. fanden Boxkämpfe bei den Olympischen Spielen in Griechenland statt. Zur Zeit des Römischen Reiches gab es auch in China und Korea Faustkämpfe. In Europa sind sie erst ab 1600 populär. 1720 wurde die erste Boxschule gegründet. 1743 erarbeitete der Engländer Brougthon die ersten Boxregeln – das war die Geburtsstunde des Boxens.
1867 legte der Marquess of Queenberry die Regeln für das Boxen mit Handschuhen fest. Die Verletzungen beim Boxen sollten dadurch minimiert werden, denn zu diesem Zeitpunkt boxte man nur zu Trainingszwecken mit Handschuhen.
1904 wurde Boxen erstmalig in der Neuzeit wieder olympisch.
1899 fanden Boxwettkämpfe in Deutschland statt. Diese waren nur in den Freien Hansestädten erlaubt. Im übrigen Deutschland waren Wettkämpfe noch verboten. Die erste deutsche Amateurmeisterschaft wurde 1912 in Hamburg ausgetragen. Der Erste und Zweite Weltkrieg unterbrachen die Ausbreitung des Boxsports, doch nach 1945 wurde der Amateursport durch Gründung des internationalen Amateurboxverbandes AIBA rege vorangetrieben.
Boxen hat nicht nur etwas mit Schlagen und Kämpfen zu tun, sondern auch mit einer besonderen inneren Einstellung zum Sport. Es verlangt den eisernen Willen, etwas für sich und andere zu erreichen, und steigert das Selbstvertrauen. Das sind Aspekte, die auch bei Tai-Bo zum Tragen kommen.

Taekwondo

Zur Entstehung von Taekwondo gibt es verschiedene Überlieferungen, eindeutig konnten die Anfänge aber nie festgestellt werden. Man weiß nur, dass diese Art der waffenlosen Selbstverteidigung schon vor ca. 2000 Jahren praktiziert wurde. Es wurden zwar immer andere Namen verwendet, die Grundlagen waren aber die gleichen.
Taekwondo ist sowohl eine uralte koreanische Kampfkunst als auch ein relativ neues und modernes Kampfsystem.
37 v. Chr. entstand im Norden Koreas das Königreich Koguryo. Grabmalereien aus dieser Zeit zeigen noch heute übli-

Apchagi (Vorwärtstritt)

Dwitchagi (Rückwärtstritt)

che Taekwondo-Techniken und belegen, dass zumindest ähnliche Kampfpraktiken bereits vor 2000 Jahren in Korea bekannt waren.

Neu systematisiert und unter dem Namen Taekwondo vorgestellt wurde es allerdings erst 1954 von dem koreanischen Generalmajor a. D. Choi Hong-Hi, der sich mit Recht als Erneuerer der Kampfkunst seines Heimatlandes bezeichnen darf. Ihm verdanken wir auch die weltweite Verbreitung dieser Kampfkunst. In einer Reihe von Großveranstaltungen und Vorführungen stellte er sie einem breiteren Publikum vor.

Ihren ersten deutschen Auftritt hatte

sie 1965 in München. Der Großmeister Kwon Jae Hwa, ein Mitglied des damaligen Demonstrationsteams, blieb in der bayerischen Metropole und war bis 1972 an der Verbreitung von Taekwondo in Deutschland maßgeblich beteiligt.

Der Begriff Taekwondo besteht aus drei altkoreanischen Wörtern, die das Wesen dieser Kampfkunst ausdrücken:

Tae bedeutet stoßen, springen oder mit dem Fuß zerschmettern.

Kwon steht für Faustschläge.

Do kommt aus dem Chinesischen und bedeutet im buddhistischen Zusammenhang die geistige Entwicklung, den Weg oder auch die Lehre.

Im Taekwondo steht Do für die Erkenntnis, die man durch regelmäßiges Üben erlangen kann. Diese kann oberflächlich bleiben oder auch sehr tief greifend sein, je nachdem, wie intensiv trainiert wird. Nicht nur die körperlichen, sondern auch die geistigen Kräfte können geschult und entwickelt werden.

Diese jahrhundertealten Erkenntnisse wurden beim Tai-Bo mit den neuesten wissenschaftlichen Erfahrungen aus dem Fitnesstraining verbunden. Tai-Bo ist ein ganzheitliches Training, das den Körper physisch und psychisch positiv beeinflusst.

Aerobic und Fitnesstraining

»Leibeserziehung« oder »körperliche Ertüchtigung« war früher meist mit Disziplin und weniger mit Spaß verbunden. Selbst in meiner Schulzeit empfand ich Sport häufig als ein unvermeidliches Übel – mit Ausnahme der Ballsportarten. Motivation war für viele Lehrer ein Fremdwort. Warum sollte ich mich für Sport interessieren, wenn er keinen Spaß macht? Wenn man mit Freude und guter Laune trainieren könnte, würde das Abnehmen oder die Erhaltung der allgemeinen Fitness wie von selbst gehen. 1980 war es dann so weit.

Gruppentraining macht Spaß, gemeinsam leistet man mehr und die Zeit vergeht wie im Flug.

Der Film »Saturday Night Fever« mit John Travolta als Hauptdarsteller löste eine Discowelle aus. Man erkannte, dass Tanzen und Bewegen zu rhythmusbetonter Musik ein positives Körpergefühl bewirkt. Dazu kamen die sportlichen Betätigungen der US-amerikanischen Marines. Jeder Morgen bei den Marines beginnt mit Gruppenfrühsport und Gesang. Diese beiden gegensätzlichen Arten von »Training« wurden zu einer neuen Sportart, zu Aerobics, kombiniert. Natürlich mit einem Star an der Spitze: mit Jane Fonda.
Ganz Amerika war verrückt danach. Man konnte schwitzen, abnehmen und in der Gruppe viel Spaß haben, auch wenn es noch keine Sicherheitsregeln oder Richtlinien gab. Der wichtigste Spruch war: No pain, no gain (ohne Schmerzen kein Gewinn). Doch schon nach kurzer Zeit hatten Teilnehmer ernsthafte Probleme,

denn es wurde beim Training zwischen Jungen oder Alten, Dicken oder Dünnen, sportlichen oder untrainierten Menschen kein Unterschied gemacht. Sportfachleute, Tennislehrer und Ärzte untersuchten verschiedene Übungen und entwickelten schließlich neue Programmformen und die dazugehörigen Übungen. Später kamen die Safety Rules (Sicherheitsregeln) dazu: Eine Aerobicstunde sollte aus Warm-up, Workout, Cool-down und Stretching bestehen. 1986 war die schweizerische Sportschule Safs (School for Aerobic and Fitness Studie) eine der ersten Schulen Europas, die Trainer theoretisch und praktisch ausbildeten.
Seit 1980 hat sich Aerobic weiterentwickelt. Einige Übungen, die schon zu Turnvater Jahns Zeiten aktuell waren, werden heute als gesundheitlich bedenklich eingestuft. Man führt sie nicht mehr oder nur in modifizierter Form aus. Doch trotz aller wissenschaftlichen Untersuchungen und technischen Verbesserungen im Bereich Fitness und Aerobic waren und sind die Motivation der Teilnehmer und die Musik besonders wichtig. Teilnehmer empfinden Aerobicstunden als kurzweilig und animierend. Wer 60 Minuten auf einem Laufband trainiert, blickt spätestens nach 15 Minuten auf die Uhr. Nach 30 Minuten oder auch schon früher werden die Minuten gezählt: Wann ist das Training endlich vorbei? Während meiner langjährigen Tätigkeit als Trainer habe ich dieses Verhalten immer wieder beobachten können. Aber sobald besagte Personen im Aerobicsaal übten, schienen die Minuten nur so zu verfliegen und zum Schluss wurde häufig die Frage gestellt: »Sind wir schon am Ende?«
In den letzten sechs Jahren zeichnete sich ein Wandel ab. Die Aerobicstunden wurden immer tänzerischer. Tanz und Choreographie standen im Vordergrund, das Fitnesstraining trat in den Hintergrund. Die Teilnehmer nahmen – um nur ein Fitnessziel zu nennen – nicht mehr so schnell ab wie früher. Männer besuchten kaum noch Gruppenkurse, weil ihnen das Tanzen schwer fiel und es ihnen keinen Spaß machte. Viele Teilnehmer hatten Schwierigkeiten, das richtige Programm zu finden.
Es soll jetzt nicht der Eindruck erweckt werden, dass ich etwas gegen Aerobic habe. Nein, ich liebe Aerobic und biete es auch weiterhin an. Aber mir ist wichtig, auch solche Leute zu erreichen, die ein tänzerisches Fitnesstraining nicht besuchen wollen oder können. Einsteiger fühlen sich oft überfordert, wenn sie in eine Gruppe geraten, die diese Programme schon seit vielen Jahren praktiziert und aus dem Effeff beherrscht.
Also machte ich mich auf die Suche nach Alternativen: Man nehme die besten Zutaten aus alten, bewährten Programmen – im Fall von Tai-Bo sind dies Sportarten, die im Fitness-Studio noch

niemals richtig ausprobiert wurden (Boxen und Taekwondo) – und »vermenge« diese mit neuesten Erkenntnissen aus dem Fitness- und Aerobicbereich. Jetzt fehlt nur noch die richtige Musik und fertig ist eine neue Sportart: Tai-Bo!

Für wen ist Tai-Bo geeignet?

Tai-Bo bietet im Studiobetrieb eine neue, hervorragende Alternative bzw. Ergänzung zu den herkömmlichen Choreographie- und Muskelkräftigungsstunden. Aufgrund seines einfachen Aufbaus und seines hohen Motivationsfaktors ist es besonders für kursscheue Teilnehmer und solche, die einen neuen Trend erleben wollen, interessant. Durch das Integrieren der Kampfsportelemente wird gleichzeitig ein neuer Kundenstamm gewonnen. Nicht nur Fitnessfreunde, sondern auch Kampfsportinteressierte finden beim Training eine neue Herausforderung.

Tai-Bo trainiert gleichermaßen Ausdauer wie auch Kraft, macht Spaß, baut Stress ab, steigert das Selbstvertrauen und ist durch die Meditationselemente ein ganzheitliches Training.

Tai-Bo wendet sich seit über zwei Jahren mit wachsendem Erfolg an alle, die mit den herkömmlichen Gruppenangeboten nichts anfangen können. Wo früher gerade mal ein bis zwei Männer an einem Programm teilnahmen, kann man heute in den Tai-Bo-Kursen bis zu 50 Prozent Männer ausmachen. Alle Fitness-Levels (Anfänger und Fortgeschrittene) und alle Altersgruppen werden angesprochen.

Tai-Bo-Training fördert:

- die Gewichtsreduktion
- die Ausdauer
- die Schnellkraft
- die Kraftausdauer
- die Beweglichkeit in Form einer besseren Dehnbarkeit
- die Koordinationsfähigkeit
- die mentale Stärke
- Selbstvertrauen und Selbstsicherheit
- die eigene Körperwahrnehmung
- ein positives Gemeinschaftsgefühl

Risikofaktoren

Wenn Sie an Bluthochdruck leiden, sollten Sie sich vorher bei Ihrem Arzt oder einem erfahrenen Trainer informieren und mögliche Risiken abklären. Personen mit Bandscheibenvorfall oder Schwangere sollten ebenfalls vor Trainingsbeginn einen Arzt aufsuchen.

Für Tai-Bo benötigen Sie keine teure Ausrüstung: geeignete Schuhe, eine bequeme Kleidung, eventuell Box-Bandagen – und das Training kann beginnen.

Ausrüstung

Für Tai-Bo reichen in der Regel bequeme Bekleidung und ein Paar Turnschuhe aus. Bei der Auswahl der Schuhe ist darauf zu achten, dass es sich um geeignete Indoor-Schuhe mit einem niedrigen Schaft (low cut) handelt, die dem Fußgelenk ausreichend Bewegungsfreiraum geben. Gerade die verschiedenen Tritte und Fußstöße, bei denen der Fuß gestreckt wird, benötigen genügend Freiheit im Fersen- und Achillessehnenbereich. Außerdem sollte der Schuh ausreichend Seitenstabilität haben, um bei seitlichen Bewegungen Halt zu bieten. Sie können eine kurze oder eine lange Hose tragen. Hauptsache, die Kleidung ist bequem und Sie fühlen sich wohl. Je weniger Baumwollanteil die Bekleidung hat, desto angenehmer ist sie. Baumwolle saugt den Schweiß auf und wird dann sehr schwer. Der Körper kühlt schneller aus, was leicht zu Erkältungen führen kann. Im Sportfachhandel können Sie Funktionsbekleidung kaufen, die sich bewährt hat. Lassen Sie sich dabei von einem Fachmann beraten.

Die Hände kann man mithilfe von speziellen Box-Bandagen oder leichten Trainingshandschuhen vor Verletzungen durch lange Fingernägel schützen. Außerdem bekommt man ein besseres Gefühl für die Faust und schützt diese bei einem Schlagpratzentraining. Sollten Sie keine speziellen Handschuhe besitzen, können Sie auch Fahrradhandschuhe benutzen.

Weiterhin benötigen Sie ein Handtuch oder eine Trainingsmatte, um nach dem Training die Stretch- und Entspannungsübungen im Liegen oder Sitzen ausführen zu können. Fortgeschrittene oder Personen, die nicht gerne alleine trainieren, können bei Partnerübungen so genannte Schlagpratzen (siehe Seite 124) verwenden. Diese sind im Sportfachhandel erhältlich und kosten ca. 25 Euro. Nun benötigen Sie noch etwas Platz, die richtige Musik – und los geht's!

Musik

Der Einsatz von rhythmusbetonter Musik ist ein wichtiger Motivationsfaktor. Je besser die Musik den Übungen angepasst ist, desto kurzweiliger wird das Training und desto mehr ist man bereit, seine Leistung zu steigern. Wichtig ist das richtige Tempo. Ansonsten kann es zu Fehlern in der Ausführung und eventuell zu Verletzungen kommen. Da wir bei den verschiedenen Belastungsstufen unseren Körper nicht unter- bzw. überfordern sollten, muss man das Tempo der Musik der Herzfrequenz (siehe Seite 22 f.) angleichen.

bpm

Die Geschwindigkeit der Musik wird in bpm (Beats per minute = Schläge pro Minute) gemessen. Die kleinste Einheit eines Musikstücks ist der einzelne Taktschlag (= Beat).
Beats per minute werden gemessen, indem man 10 Sekunden lang die Taktschläge zählt und dann mit 6 multipliziert. Dabei orientiert man sich vorzugsweise am Bass, er lässt sich am besten heraushören.

Phrase

Die nächsthöhere Einheit nach dem Taktschlag ist die Phrase. Beim Tai-Bo verwenden wir grundsätzlich Musik im Viervierteltakt. Das bedeutet, jeder Takt setzt sich aus 4 Beats zusammen. 2 Takte bilden gemeinsam eine Phrase von 8 Beats.
Jede Phrase hat in der Tai-Bo-Musik (wie auch in der Popmusik) eine charakteristische Folge:
1–2–3–4–5–6–7–8
Die 1 am Anfang ist betont, die 5 ebenfalls. Alle anderen sind unbetont. Die Herausforderung des Hörers liegt darin, die 1 herauszuhören und seine Übungen auch immer auf der 1 zu beginnen.

Musikbogen

Die nächstgrößere Einheit ist der Musikbogen. Dieser besteht aus 4 Phrasen. Jeder Musikbogen hat somit 32 Beats.

Schema eines Musikbogens

1 Bogen	Musikbogen (32 Beats)			
4 Phrasen	Phrase	Phrase	Phrase	Phrase
8 Takte	Takt–Takt	Takt–Takt	Takt–Takt	Takt–Takt
32 Beats	1–2–3–4–5–6–7–8	1–2–3–4–5–6–7–8	1–2–3–4–5–6–7–8	1–2–3–4–5–6–7–8

Da es beim Tai-Bo verschiedene Trainingsstufen gibt, benötigt man auch verschiedene Tempi: Bei der mentalen Einstimmung und bei den Atemübungen hören Sie am besten Tai-Chi- oder Qi-Gong-Klänge. Dabei ist der bpm nicht wichtig. Diese Musik ist von Natur aus sehr langsam.

In der Erwärmungsphase und beim Vordehnen sollte das Tempo zwischen 125 und 135 bpm liegen.

Mittlerer bis kräftiger House-Beat schafft die nötige Atmosphäre, um das »eye of the tiger« (das Auge des Tigers) zu bekommen. Auch bei älteren Teilnehmern kommt diese Musikrichtung nach meiner Erfahrung sehr gut an.

Die Musik des Hauptteils sollte zwischen 135 und 145 bpm haben. Wo die persönliche Höchstgrenze liegt, kann man anhand seines Pulses feststellen, der letztendlich über das Wohlbefinden entscheidet. Wenn Sie nach der Belastung in die Regenerationsphase übergehen, sollte die Musik wieder langsamer werden (125 bis 135 bpm).

Beim Stretching und bei der Entspannung empfehlen wir langsame Tai-Chi-Musik, der bpm ist hier nicht relevant.

Pulsmessung

Der Puls ist unser wichtigster Parameter in Sachen Gesundheit. Um bestimmte Trainingserfolge zu erreichen, müssen wir mit genau definierten Pulsfrequenzen trainieren. Ein gesundheitsorientiertes Fitnesstraining kann sich nur dann so nennen, wenn der Puls beachtet wird. Ein Training mit zu niedrigem Puls wird kaum zu einer Leistungssteigerung führen. Ein zu hoher Puls verhindert die Fettverbrennung. Was für den einen Sportler ein niedriger Puls ist, kann den anderen schon zu stark belasten. Jung oder Alt, Einsteiger oder

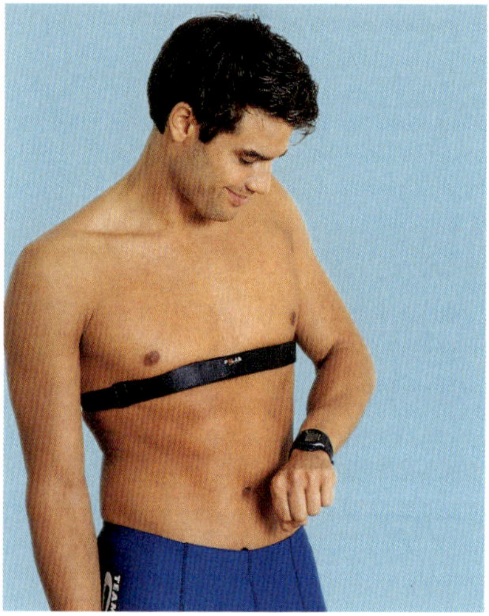

Der Pulsmesser ist ein Garant für optimales und gesundes Training.

Fortgeschrittener, Mann oder Frau: Der Puls muss möglichst genau kontrolliert werden.

Dazu eignet sich ein Herzfrequenz-Messer. Die hochwertigeren Messgeräte werden mit Ihren persönlichen Daten gespeist und können dann Ihren optimalen Trainingspuls bestimmen.

Ansonsten gilt die Faustregel:

Männer	(220 – Lebensalter – Ruhepuls) × Trainingseffekt + Ruhepuls
Frauen	(226 – Lebensalter – Ruhepuls) × Trainingseffekt + Ruhepuls

Trainingseffekt:

Fettverbrennung:	0,65
Ausdauertraining:	0,75
Konditionssteigerung:	0,85

Ihren persönlichen Ruhepuls bestimmen Sie, indem Sie an sieben aufeinander folgenden Tagen Ihren Puls direkt nach dem Aufwachen messen. Der Mittelwert ist Ihr persönlicher Ruhepuls.

Rechenbeispiele

Wie die genannte Formel und die einzelnen Faktoren eingesetzt werden, zeigen folgende Rechenbeispiele:

Mann, 35 Jahre,
Trainingsziel: Ausdauertraining
220 – 35 (Alter) – 67 (Ruhepuls) = 118
118 × 0,75 (Ausdauertraining) = 88
88 + 67 (Ruhepuls) = 155
(optimaler und gleichzeitig maximaler Trainingspuls für Ausdauertraining)

Frau, 40 Jahre,
Trainingsziel: Gewichtsreduzierung
226 – 40 (Alter) – 73 (Ruhepuls) = 113
113 × 0,65 (Fettverbrennung) = 73
73 + 73 (Ruhepuls) = 146
(optimaler und gleichzeitig maximaler Trainingspuls für Gewichtsreduzierung)

Mann, 35 Jahre,
Trainingsziel: Konditionssteigerung
220 – 35 (Alter) – 67 (Ruhepuls) = 118
118 × 0,85 (Konditionssteigerung) = 100
100 + 67 (Ruhepuls) = 167
(optimaler und gleichzeitig maximaler Trainingspuls für Ausdauertraining)

Selbst bei Konditionssteigerung (0,85) bleibt der Puls immer noch in einer Frequenz, bei der ein relativ angenehmes Trainieren möglich ist, das Sie nicht völlig überlastet. Die Intensität des Trainings können Sie während einer Übungseinheit individuell verändern. Wenn Ihr Puls zu hoch ist, können Sie sich im halben Tempo bewegen oder die Fußtechniken nicht so hoch treten. Gönnen Sie sich zwischendurch immer kurze Pausen, indem Sie auf der Stelle marschieren oder locker tänzeln. Bleiben Sie aber nicht stehen, der Puls sinkt sonst zu abrupt ab. Trinken Sie genügend vor, während und nach dem Training. Hierzu bieten sich spezielle Mineraldrinks oder isotonische Getränke an.

Nach dem Ausatmen ist der Bauch bei der Zwerchfellatmung flach.

Richtiges Atmen

Auch das richtige Atmen will gelernt sein. Direkt nach dem Verlassen des Mutterleibes beginnt das Leben mit dem ersten Schrei des Neugeborenen, die Atmung hat eingesetzt. Diese Atmung begleitet uns das ganze Leben. Was automatisch und natürlich beginnt, bereitet uns mit zunehmendem Alter immer mehr Schwierigkeiten, da wir meist nicht mehr so natürlich atmen. Bei den Asiaten spielt die Atmung eine viel wesentlichere Rolle als bei uns Europäern. Die Atmung sorgt für den richtigen Energiefluss in unserem Körper. Nur die Bauch- oder Zwerchfellatmung garantiert ein effektives und ökonomisches Training.

Die meisten Menschen atmen dagegen zu flach. Die Luft strömt nur in die oberen Partien der Lunge, die unteren Bereiche bleiben ungenutzt.

Beim natürlichen, tiefen Einatmen bewegt sich das Zwerchfell abwärts und drückt somit den Bauch leicht nach außen. Der Lungenraum weitet sich und Luft strömt ein. Sie bekommen mehr

Beim Einatmen wölbt sich der Bauch leicht nach außen.

Luft und können ruhiger, gelassener atmen und deshalb kraftvoller arbeiten. Machen Sie vor Ihrem ersten Training und generell während der mentalen Einstimmung folgende Atemübung: Achten Sie zuerst auf die richtige Körperhaltung. Stellen Sie die Füße hüftbreit auseinander, die Knie sind leicht gebeugt. Mit den Fußsohlen spüren Sie den Boden. Ihre Schultern hängen locker nach unten. Das Gesäß und das Becken sind aufgerichtet, die Hüfte ist locker. Der Brustkorb ist angehoben und der Rücken wird, seiner natürlichen Krümmung folgend, gerade gehalten. Hals und Kopf sind aufrecht. Der Blick ist gerade nach vorne gerichtet. Optional können auch die Augen geschlossen werden. Das Gesicht bleibt entspannt, der Mund geschlossen.

Jetzt können Sie mit einer einfachen Atemübung beginnen: Legen Sie beide Hände knapp unter Ihren Bauchnabel. Atmen Sie tief durch die Nase ein und spüren Sie, wie sich dadurch Ihr Brustkorb anhebt und der Bauch leicht nach außen wölbt.

Atmen Sie dann kräftig und zügig durch den Mund wieder aus. Wiederholen Sie mehrfach diese Übung und spüren Sie mit den Händen die Bewegung Ihres Körpers. Schließen Sie Ihre Augen und konzentrieren Sie sich nur auf Ihre Atmung. Verharren Sie ruhig 1 bis 2 Minuten in dieser Stellung. Entwickeln Sie ein Gefühl für die tiefe Bauch- bzw. Zwerchfellatmung.

Atmen mit Bewegung

Nach dieser Grundübung wollen wir uns der Atmung in der Bewegung zuwenden. Die Bewegungen sollen sanft fließend, langsam, entspannt und ohne Kraftanstrengung ausgeführt werden. Sie dienen der Konzentration auf die Übung, einem harmonischen Körpergefühl und dem »Chi«, der Lebenskraft oder Energie. Sanfte Bewegungen können den stetigen Energiefluss positiv beeinflussen.

Der wichtigste Grundsatz lautet:
Die Bewegung gleicht sich immer der Atmung an.

Eine allgemein gültige Regel des Tai Chi Chuan besagt, dass beim Einatmen die Arme gehoben oder gebeugt werden (als eine Art der Verteidigung). Während des Ausatmens werden die Arme ausgestreckt oder gesenkt (wie bei einem Angriff).

Beim Atmen sollte immer auf einen gewissen Fluss in der Bewegung geachtet werden. Die Musik spielt deswegen bei der mentalen Einstimmung und in der Entspannungsphase eine untergeordnete Rolle, sie begleitet nur. Bewegen Sie sich ruhig und langsam, achten Sie hauptsächlich auf Ihre Atmung. Begleiten Sie ihre Bewegungen mit den Blicken oder schließen Sie Ihre Augen und lassen Sie sich treiben.

Aufwärm-übungen

Die mentale Einstimmung

Bevor das Warm-up (Aufwärmen) beginnt, stimmen wir uns mental darauf ein: Wir versuchen, vom Alltag abzuschalten, alle Ereignisse und Eindrücke für die Zeit des Trainings beiseite zu schieben und uns voll und ganz auf das Bevorstehende zu konzentrieren.
Wer möchte, kann eine CD mit ruhiger Musik oder mit Tai-Chi-Klängen hören. Wählen Sie eine angenehme Lautstärke und beginnen Sie mit der folgenden Übung.
Nehmen Sie diese Grundstellung ein: Ihre Beine sind hüftbreit geöffnet, die Zehenspitzen zeigen etwas nach innen. Die Beine sind leicht gebeugt und locker. Ihr Becken und die Hüfte sind aufgerichtet, der Brustkorb wird angehoben und die Schultern hängen locker nach unten. Ihr Blick ist entweder geradeaus nach vorne gerichtet oder Sie schließen die Augen.
Nun spüren Sie, wie die Energie Sie durchströmt und Sie neue Kraft tanken. Lassen Sie sich Zeit und kommen Sie langsam zur Ruhe. Beginnen Sie mit der nun folgenden Übungsreihe.

Grundstellung

Beim Einatmen führen Sie die Hände nahe am Körper nach oben. Die Finger zeigen zueinander und die Handflächen nach oben.

Beim Ausatmen drehen Sie Ihre Handflächen nach unten und senken die Hände wieder zur Ausgangsposition.

Beim Einatmen heben Sie Ihre Hände nach vorne vom Körper weg, maximal bis Schulterhöhe. Die Handrücken zeigen nach vorne und sind entspannt.

Während des Ausatmens schließen Sie ihre Hände zu Fäusten und führen Ihre Ellbogen nahe am Oberkörper vorbei nach hinten.

Sie atmen tief und ruhig ein und kreuzen die geöffneten Hände vor der Brust.

Öffnen Sie beim Ausatmen die Arme zur Seite. Die Handflächen zeigen nach außen und die Fingerspitzen nach oben. Die Arme sind fast gestreckt.

Bringen Sie nun während des Ausatmens die Arme in einer halbkreisförmigen Bewegung langsam nach vorne.

Nehmen Sie beim Ausatmen die Arme mit geschlossenen Handflächen vor die Brust, die Fingerspitzen zeigen nach oben.

Führen Sie Ihre geschlossenen Hände nahe am Gesicht nach oben über den Kopf.

Atmen Sie aus, indem Sie ihre Handflächen nach außen drehen und in einer seitlichen, halbkreisförmigen Bewegung die Arme wieder in die Grundstellung (Bild Seite 26) sinken lassen.

Sie können diese Übungsreihe mehrfach wiederholen. Versuchen Sie ruhige, runde und harmonische Bewegungen auszuführen. Atmen Sie tief und gleichmäßig.

Das Warm-up

Um uns auf die bevorstehende Belastung des Herz-Kreislauf-Systems, der Muskulatur und der Sehnen vorzubereiten, müssen wir unseren »Motor« langsam aber stetig in Gang bringen. Manche Sportler beginnen mit dem Training, ohne sich vorher ausreichend aufzuwärmen. Nicht nur Anfänger, sondern auch fortgeschrittene Teilnehmer glauben »kalt« trainieren zu können. Gerade bei Tai-Bo, einer Trainingsart, bei der gleichermaßen Ausdauer wie Kraft trainiert werden, ist es notwendig, sich zuvor ausreichend aufzuwärmen. Auch das Vordehnen ist ein absolutes Muss. Nur so können Muskel- oder Bänderrisse sowie Zerrungen vermieden werden.

Ziele vom Warm-up

Die Körpertemperatur soll gesteigert und der Kreislauf angeregt werden. Außerdem werden die Muskeln und Gelenke auf die Belastung vorbereitet. Das Warm-up sollte zwischen 8 und 12 Minuten dauern, das Tempo der Musik maximal zwischen 125 und 135 bpm liegen.
Beginnen Sie mit kleinen, dann mit immer größer werdenden Armbewegungen. Führen Sie Isolationsübungen im Stand nur für kurze Zeit aus. Fangen Sie mit den großen Muskelgruppen an, machen Sie dann mit den kleinen weiter. Sinnvoll sind einfache und effektive Bewegungen.

Warm-up-Übungen

Diese Übungen bereiten den Körper auf das folgende Workout vor:

- Auf der Stelle gehen oder tänzeln
- Step Touch
- Rollen der Schultern und Armkreisen mit immer größer werdenden Bewegungen
- Seitliches Kopfneigen, Kopfdrehen nach rechts und links (langsame und geführte Bewegungen)
- Kontrollierte Speedball-Technik (siehe Seite 78 f.)
- Finger greifen mit langen Armen
- Kleine Squats (mehrmals in die Hocke gehen)
- Zum Erwärmen der Schienbeinmuskulatur in der Kampfstellung mit dem vorderen Fuß tappen. Dabei können Sie lockere Jabs mit der Führhand schlagen.
- Lockeres Tackeln (siehe Seite 79) auf der Stelle
- Seilspringen (siehe Seite 88 ff.)
- Wechselseitiges Heben der Knie
- Verschiedene locker ausgeführte Faust- und Fußtechniken

Auf den Bildern sehen Sie eine geeignete Übung für das Warm-up.

Die Don'ts

- Reißen oder Zerren: Arbeiten Sie immer kontrolliert und nicht zu schnell, denn die Muskulatur ist noch nicht für das eigentliche Training vorbereitet.
- Starke Sprungbelastungen oder Drehungen auf den belasteten Beinen: Gelenke, Sehnen und Gelenkschmiere müssen langsam an die stärkere Belastung gewöhnt werden.
- Kopf unter Becken: Zuviel Blut fließt in den Kopf, was zu Schwindelgefühlen führen kann.
- Becken unter Kniehöhe bei zu tiefem Hocken: Die Kniebelastung ist um ein Vielfaches höher und kann somit zu Schäden am Knie führen.
- Kopfrollen: Führt zu einer übermäßigen Belastung der Halswirbel.

Achten Sie beim Warm-up auf eine gute Körperhaltung und korrigieren Sie sich, falls nötig, mithilfe eines Spiegels.
Denken Sie daran: Das Warm-up ist Voraussetzung für ein gutes Gelingen der ganzen Übungseinheit!

Wiederholen Sie jede Übung 8- bis 16-mal. Arbeiten Sie kontrolliert und mit Spannung. Denken Sie daran, es ist erst die Erwärmung, noch nicht das Power-Workout. Deswegen sollten Sie zwar mit genügend Spannung arbeiten und jede Bewegung richtig ausführen, ohne sich aber schon zu sehr zu verausgaben. Wenn Sie sich dann warm genug fühlen, gehen Sie zum Vordehnen über.

Vordehnen

Beim Vordehnen (Pre-stretch) werden sowohl stark beanspruchte als auch zur Verkürzung neigende Muskelgruppen leicht vorgedehnt.
Dies sind hauptsächlich:

- Gastrocnemius (Wadenmuskel)
- Biceps femoris (Beinbeuger)
- Iliopsoas (Hüftbeuger)
- Erector spinae (Rückenstrecker)
- Trapezius (Schultermuskel)
- Pectoralis (Brustmuskel)

Außerdem sollen Muskeln und Gelenke auf die Belastung des Hauptteils vorbereitet werden. Die Vordehnung erlaubt eine größere Flexibilität wäh-

Dehnung des unteren Rückens: Die Hände werden auf die Oberschenkel gestützt. Machen Sie nun einen runden »Katzenbuckel« nach oben. Führen Sie danach Ihren Rücken wieder nach unten, bis er gerade ist.

rend der Belastung und verringert die Verletzungsgefahr. Das Vordehnen sollte intensiv und ausgewogen sein und 3 bis 5 Minuten dauern. Kalkulieren Sie für jede Muskelgruppe 10 bis 20 Sekunden ein.

Die Techniken

Bei allen Schlägen und Tritten müssen Sie darauf achten, dass die Gelenke leicht gebeugt bleiben. Halten Sie die Muskeln immer angespannt. Dies verhindert den Gelenkanschlag und beugt somit einer Überbelastung und Verletzung vor. Die richtige Atmung unterstützt die nötige Spannung. Atmen sie bei jedem Tritt oder Schlag kurz und kräftig aus.

Grundstellungen

Im Tai-Bo wird meist aus zwei Grundstellungen heraus gearbeitet, der Parallel- und der Kampfstellung. Auch die Haltung der Arme, die Deckung und die Ausführung des Kampfschreis sind festgelegt.

Parallelstellung

In dieser Stellung werden neue Techniken eingeübt, da man dabei gleichmäßig links wie auch rechts trainieren kann: Die Füße stehen anderthalb Schulterbreite auseinander, die Beine sind leicht gebeugt, die Fußspitzen zeigen etwas nach außen. Die Körperfront zeigt zum imaginären Gegner. Die Fäuste befinden sich in Deckungshaltung vor dem Körper.

Kampfstellung

Von dieser Stellung aus werden Schlagkombinationen oder auch Raumbewegungen durchgeführt: Man befindet sich in einer Vorwärtsstellung, das heißt, ein Fuß steht etwa eine Schrittlänge vor dem anderen, die Füße zeigen leicht quer zum imaginären Gegner und sind hüftbreit geöffnet. Die Fäuste befinden sich wie bei der Parallelstellung in Deckungshaltung vor dem Köper.
Der Unterschied bezüglich der Fausthaltung liegt darin, dass sich der rechte Arm in der Kampfstellung näher zum Gegner befindet und der linke Arm weiter vom Gegner entfernt ist. Diese Kampfstellung ist die typische »Kämpferhaltung«. Beim Boxen spricht man, je nachdem ob man Rechts- oder Linkshänder ist, von einem Rechts- oder Linksausleger. Auf diesem Foto sieht man einen eher seltenen Linksausleger. Die rechte Hand, die Führhand, befindet sich näher zum Gegner. Die linke Hand, die Schlaghand, ist weiter vom Gegner weg. In der Kampfstellung hat man die Möglichkeit den Gegner auf Distanz zu halten, ihn zu »umtänzeln«. Sie können den richtigen Moment abwarten, um den Gegner dann mit Schlägen oder Schlagkombinationen zu attackieren. Beim Tai-Bo findet dies allerdings nur mit einem imaginären Gegner statt. In der Kampfstellung können wir uns flexibel bewegen und wir verfügen über verschiedene Variationsmöglichkeiten.

Abtauchen

Mit »Abtauchen« bezeichnet man das Ausweichen, um dem Schlag des Gegners zu entkommen. Es kann in der Parallelstellung und in der Kampfstellung zum Einsatz kommen. Der Oberkörper nimmt eine leicht runde Haltung ein. Man verstärkt die Deckung, neigt sich etwas nach vorne und geht dabei tief in die Hocke, damit der Schlag des Gegners über einem vorbei ins Leere geht. Als Variation kann auch seitlich abgetaucht werden. Hierbei ist zu beachten, dass die Schultern innerhalb der Fußaußenkante bleiben. Man macht also nur eine kleine seitliche Bewegung, gerade so groß, dass die imaginäre Faust des Gegners knapp am eigenen Kopf vorbeischlagen würde. Bauch und Schultern werden besonders stark angespannt, um die Bandscheiben und den unteren Rücken zu entlasten. Die Fäuste verbleiben weiterhin in Deckungshaltung.

Faustgrundhaltung

Nachdem die Kampf- oder Parallelstellung eingenommen wurde, werden die Fäuste zur Deckung des eigenen Körpers in Position gebracht. Hierzu schließt man die Finger, rollt sie zu einer Faust ein und legt den Daumen an das zweite Glied des Mittelfingers. Handrücken und Unterarm bilden eine Linie,

Der Kampfschrei

Der Kampfschrei, koreanisch »kihap«, vereint Konzentration und Körperkraft. Aus dem Bauch heraus wird mit dem Schlag, Tritt oder Block kurz und präzise ein Schrei ausgestoßen. Der Kampfschrei erhöht die Spannung im Körper, was wiederum mehr Sicherheit in der Ausführung bedeutet. Außerdem schafft er ein befreiendes Gefühl, baut Stress ab und soll im Kampf den Gegner einschüchtern. Auch beim Boxen wird ähnlich verfahren. Hier reduziert sich der Kampfschrei aber auf ein lautes, gut hörbares Ausatmen. Erfahrungen beim Pratzentraining (siehe Seite 124) haben ergeben, dass mit dem Kampfschrei viel mehr Wucht in einen Schlag gelegt werden konnte und dieser Schlag für den Teilnehmer sicherer in der Ausführung und für die Stabilität seiner Gelenke war. Somit unterstützt der Kampfschrei den Krafteinsatz und führt zu mehr Effektivität.

die Handflächen zeigen zueinander und werden vor dem Gesicht auf Kinn-Nasenhöhe platziert. Der Abstand zwischen den Fäusten beträgt etwa eine Faustbreite, der zwischen Gesicht und Fäusten eine Daumenlänge. Die Schultern bleiben locker, der Bauch und der Po sind angespannt, die Oberarme befinden sich vor dem Oberkörper. Die Hüfte ist aufgerichtet, die Beine sind leicht gebeugt.

Fausttechniken

Im Boxen gibt es zwei Grundschläge: den Jab und den Punch. Der Jab wird mit der Führhand geschlagen, der Punch mit der Schlaghand.
In der Kampfstellung ist eine Faust dem Gegner näher als die andere. Diese Hand nennt man die Führhand. Sie führt den Kampf mit dem Jab, beschäftigt den Gegner und hält diesen auf Distanz. Die hintere Faust nennt man die Schlaghand. Sie wartet auf den richtigen Moment, um dann mit vollem Krafteinsatz aus dem ganzen Körper den entscheidenden Treffer (Punch) zu erzielen. Für Linkshänder ist die rechte, für Rechtshänder die linke Hand die Führhand.

Punch

Der Punch, auch Faustschlag genannt, kommt aus dem Boxsport. Er wird zum Kopf oder Körper des imaginären Gegners und mit der Kraft des gesamten Körpers geschlagen. Die Bewegung geht von den Beinen aus und endet in der Faust.
Man hebt die Ferse der Schlagarmseite leicht an, sodass man auf dem Ballen stehen bleibt. Gleichzeitig nimmt man die Hüfte einseitig nach vorne, indem man das Knie nach innen und die Ferse leicht nach außen dreht. Das andere Bein wird angespannt, um eine Drehung des Kniegelenks nach außen zu vermeiden. Die Beine bleiben weiterhin leicht gebeugt.
Zeitgleich schlägt die Faust aus der Grundhaltung heraus direkt nach vorne, der Ellbogen folgt auf geradem Weg der Faust. Um eine größere Reichweite zu erzielen, bewegt sich beim Schlagen die Schulter nach vorne und leicht nach oben. Die andere Faust verbleibt in Deckung. Kurz vor dem gedachten Auftreffen und dem aktiven Zurückziehen macht die Faust eine Vierteldrehung. Diese Drehung erhöht die Spannung im Unterarm, verhindert

den Gelenkanschlag und verstärkt die Schlagkraft.
Trefferfläche sind die Knöchel des Zeige- und Mittelfingers. Geschlagen wird immer zur Körper- oder Kopfmitte des imaginären Gegners. In der Endphase, also mit dem Schlag, wird kräftig ausgeatmet. Der Arm bleibt dabei leicht gebeugt, auch dies verhindert den Gelenkanschlag.

➤ Beanspruchte Hauptmuskelgruppen

Unterarmdreher, Armstrecker, Armbeuger, Schulter- und Brustmuskel, schräge und gerade Bauchmuskeln, breiter Rückenmuskel, Nacken-, Oberschenkel-, Waden- und Innenschenkelmuskulatur.

➤ Hinweise

Beim Schlagen sollen die Ellbogen auf geradem Weg der Faust folgen. Viele Teilnehmer, die zum ersten Male den Punch üben, drehen statt der Faust den Ellbogen. Dies nennt man in der Fachsprache »bügeln«. Beim Schlagen soll Ihre Armbewegung aber aussehen, als würden Sie »sägen« – der Ellbogen folgt also auf geradem Wege der Faust.
Führen Sie diesen Schlag erst im langsamen Tempo aus, später können Sie Schlagzahl und Tempo erhöhen. Nach jedem Schlag wird die Faust wieder aktiv in die Deckung zurückgezogen. Schlagen Sie abwechselnd mit der rechten und der linken Faust.
Oberkörper- und Unterkörperbewegungen erfolgen gleichzeitig! Achten Sie immer darauf, dass der Schlag mit dem ganzen Körper ausgeführt wird: Der Schlag kommt also aus den Beinen, der Hüfte, dem Gesäß, dem Schulter-Rücken-Bereich und dem Arm.

TIPP

Stellen Sie sich die Kraftentwicklung wie bei einem Gartenschlauch vor, den Sie in Ihrer Hand halten. Das Wasser steigt nach oben, um dann nach vorne aus dem Schlauch zu spritzen.

Jab

Der Jab ist ein kurzer Distanzschlag, der mit etwas weniger Wucht, dafür schneller geschlagen wird. Geübt wird der Jab in der Parallelstellung. Es wird weniger Oberkörpereinsatz benötigt: Man hebt lediglich die Fersen leicht an, um die Knie- bzw. Fußgelenke zu entlasten.
Im Workout wird dieser Schlag hauptsächlich aus der Kampfstellung ausgeführt. Dafür gibt es zwei Möglichkeiten: Wie beim Punch wird der Jab in einer Vierteldrehung gerade nach vorne und unter Einsatz der Schultern geschlagen. Man würde ihn einsetzen, wenn der Gegner weiter von uns weg wäre. Ist der Gegner sehr nahe, wird der Jab nur kurz, ohne Vierteldrehung nach vorne geschlagen.

➤ Beanspruchte Hauptmuskelgruppen

Unterarmdreher, Armstrecker, Armbeuger, Schulter- und Rückenmuskulatur.

Hook

Mit Hook bezeichnet man einen seitlichen Haken, der – an der Deckung des Gegners vorbei – zu seinem Ohr oder seiner Schläfe geschlagen wird. Im Boxkampf kann so eine gute Deckung des Gegners seitlich überwunden werden. Der Ellbogen wird seitlich auf Schulterhöhe angehoben, sodass Ober- und Unterarm einen rechten Winkel bilden. Nun wird mit der Faust in Richtung Körpermitte geschlagen. Dabei bilden Ober- und Unterkörper eine Einheit. Zeitgleich mit dem Schlag werden Hüfte und Knie eingedreht sowie die Ferse ausgedreht. Die Bewegung der Beine erfolgt wie beim Punch. Danach wird der Schlagarm wieder aktiv in die Deckungsposition zurückgezogen.

➤ Beanspruchte Hauptmuskelgruppen

Die gesamte Armmuskulatur, Schulter-, Brust-, gerade und schräge Bauchmuskulatur, Rücken-, Gesäß- und Beinmuskulatur.

➤ Hinweis

Auch beim Hook geht die Kraftentwicklung und -übertragung von den Beinen aus und überträgt sich auf Hüfte und Schulter.

Uppercut

Der Uppercut ist ein Aufwärtshaken, der zum Kinn oder Körper des Gegners geschlagen wird. Der Uppercut gehört im Boxen zu den technisch schwierigsten, aber auch kraftvollsten Techniken. Er besteht aus drei Bewegungen:

1. Seitliches Abtauchen: Man geht dabei tief in die Knie, um so einem Angriff auszuweichen oder die Deckung des Gegners zu unterlaufen.
2. Danach wird wie beim Punch die Hüfte einseitig nach vorne genommen. Zeitgleich wird der Oberkörper mit der Schulter nach vorne gedreht. Der Unterarm beschreibt zum Oberarm einen rechten Winkel, der Faustrücken zeigt zum Gegner.
3. Beim Aufstehen schlägt die Faust zum Kinn oder Körper des imaginären Gegners. Anschließend wird die Faust wieder aktiv in die Deckungsposition zurückgezogen. Die passive Faust verbleibt während der gesamten Aktion in der Deckungsposition. Schlagen Sie den Uppercut abwechselnd rechts und links.

➤ Beanspruchte Hauptmuskelgruppen

Gesamte Armmuskulatur, Schulter-, Brust-, gerade und schräge Bauchmuskulatur, Rücken-, Gesäß- und Beinmuskulatur.

➤ Hinweise

Achten Sie beim seitlichen Abtauchen immer darauf, dass Sie Deckung halten, der Blick auf den Gegner gerichtet bleibt, die Bauchdecke angespannt ist, die Schultern vorgenommen werden, die Brustmuskulatur angespannt und der Rücken rund ist. Der Uppercut wird hauptsächlich aus den Beinen geschlagen. Sie sollten also nach dem Abtauchen wieder kraftvoll aufstehen. Beim seitlichen Abtauchen bleibt man immer innerhalb des Bewegungssektors, also innerhalb der Fersenaußenkante, die Knie befinden sich hinter den Fußspitzen. Beim »Auftauchen« kommt man wieder in der Mitte hoch, dies geschieht über die Beinstreck- und Gesäßmuskulatur.

Optional kann der Uppercut in Verbindung mit einer Schlagkombination auch »kampfbetonter« geschlagen werden. Dann werden kleinere Bewegungen ausgeführt und Sie schlagen mehr aus den Armen heraus. Dies empfiehlt sich, wenn innerhalb einer Schlagkombination mehr Wert auf den Ausdaueraspekt gelegt werden soll.

Fußtechniken

Mit den Fußtechniken kräftigen Sie die unteren Extremitäten und verbessern ihre Beweglichkeit. Am Anfang sollten Sie tiefer treten. Sie werden aber bald in der Lage sein, auch höhere Tritte auszuführen.

Kneekick

Hierbei handelt es sich um einen mit dem Knie zum Unterleib, Bauch oder Kopf des Gegners getretenen Kick. Um den unteren Rücken zu entlasten und die Technik gelenkschonend aus-

zum Oberkörper angehoben. Hierbei sollten Sie den Oberkörper leicht zurücknehmen. Die Hüftseite des Kickbeins wird deutlich nach vorne mitgenommen. Zeitgleich wird der Unterschenkel so weit wie möglich an den Oberschenkel herangezogen, der Fuß ist »point«, das heißt, er wird gestreckt. Das Bein wird nach dem Kick wieder aktiv in die Ausgangsposition zurückgezogen. Die Arme verbleiben während der gesamten Aktion in der Grundhaltung.

➤ Beanspruchte Hauptmuskelgruppen

Gerader und schräger Bauchmuskel, Hüftbeuger, Beinstrecker, Beinbeuger, Gesäßmuskulatur.

➤ Hinweise

Kick- und Rückziehbewegungen sollten mit Kraft und Spannung ausgeführt werden. Alternativ können die Arme mit einbezogen werden: Strecken Sie die Arme in Richtung des imaginären Gegners aus, als wollten Sie ihn packen, und ziehen Sie ihn dann kraftvoll zu sich heran. Diese Bewegung kräftigt gleichzeitig die Rückenmuskulatur.

zuüben, sind folgende Kriterien zu beachten:
Die Fußspitze des Standbeins wird ca. 45 Grad nach außen gestellt, das Standbein bleibt leicht gebeugt. Der Oberschenkel des Kickbeins wird bis zu einem Winkel von maximal 90 Grad

Backkick

Dies ist einer der kraftvollsten Kicks, da die Kraft hauptsächlich aus dem Gesäßmuskel kommt. In Amerika wird dieser Schlag auch Horsekick genannt. Zuerst wird das Knie leicht angezogen. Der Fuß ist geflext, das heißt gebeugt. Der Oberkörper wird nach vorne geneigt und das Aktionsbein wird eng, am Standbein vorbei, nach hinten getreten. Da mit der Ferse getreten wird, zeigt sie in der Endstellung nach oben, die Zehen dagegen nach unten. Das Standbein weist mit der Ferse in Richtung des imaginären Gegners. Danach wird das Aktionsbein aktiv zurückgezogen.

➤ Beanspruchte Hauptmuskelgruppen

Beinstrecker, Beinbeuger, Gesäß-, Waden-, untere Rücken- und Bauchmuskulatur.

➤ Hinweise

Da auch diese Technik besonders gelenkschonend ausgeführt werden soll, muss der Oberkörper immer eine Verlängerung des Aktionsbeins sein, also mit ihm eine Linie bilden. Je höher Sie treten, desto weiter müssen Sie den Oberkörper nach vorne neigen – aber nur bis zur Waagerechten, nicht tiefer. So vermeiden Sie eine zu starke Beanspruchung des unteren Rückens. Je tiefer Sie treten, desto aufrechter können Sie Ihren Oberkörper lassen. Denken Sie an eine Schere!

Falls Sie am Anfang Gleichgewichtsprobleme haben, nehmen Sie einen Stuhl zur Hilfe, an dem Sie sich mit einer Hand festhalten können. Oder Sie stützen sich mit Ihren Händen auf dem Oberschenkel des Standbeins auf. Später halten Sie die Hände in Deckungshaltung. Treten Sie zunächst tief in Richtung Schienbein des Gegners. Erst wenn Sie sicher auf einem Bein stehen können, sind höhere Tritte empfehlenswert.

Beim Treten kann man optional den Kopf leicht mitdrehen und über die Schulter des Trittbeins blicken. Dies verhindert ein unbeabsichtigtes Treten von Partnern oder Gegenständen. Achten Sie aber darauf, dass sich die Hüfte und die Schultern weiterhin unten befinden.

TIPP

Beim Blicken nach hinten neigen die meisten Personen dazu, die Hüfte aufzudrehen. Dies hat zur Folge, dass aus dem Backkick unbewusst ein Sidekick wird. Damit dies nicht passiert, spannen Sie Ihre Brustmuskulatur an und ziehen die Schulter leicht nach vorne. Spannen Sie auch Ihren Oberkörper an und »schielen« Sie nur leicht über die Schulter. Dies verhindert die Hüftrotation. Stellen Sie sich vor, Sie würden beim Fahrrad fahren nach links abbiegen. Dabei blicken Sie auch nur leicht über Ihre Schulter, ohne den Oberkörper zu drehen. Genauso verfahren Sie beim Ausführen des Backkicks.

Frontkick

Der Frontkick ist eine Abwandlung bzw. Erweiterung des Kneekicks. Mit ihm kann man eine größere Reichweite erzielen und einen imaginären Gegner in der Vorwärts- oder Aufwärtsbewegung im Gesicht oder am Kopf treffen. Sobald das Knie am höchsten Punkt angelangt ist (siehe Kneekick Seite 46 f.), tritt man mit dem Unterschenkel und dem Fuß schnell nach vorne und zieht sie anschließend wieder aktiv zurück. Dabei muss darauf geachtet werden, dass das Knie immer leicht gebeugt bleibt. Im Gegensatz zum Kampfsport ist der Fuß gestreckt. Dies verhindert den Gelenkanschlag im Knie. Die größtmögliche Kraft und eine hohe Geschwindigkeit entstehen durch das aktive Zurückziehen.
Beim Tai-Bo treffen wir beim Pratzentraining mit dem Fußrücken.

➤ Beanspruchte Hauptmuskelgruppen

Gerade und schräge Bauchmuskulatur, Hüftbeuger, Beinstrecker, Beinbeuger, Gesäß- und Wadenmuskulatur.

➤ Hinweis

Einsteiger neigen dazu, beim Frontkick den Oberschenkel zu weit an die Brust heranzuziehen und dabei den Rücken rund zu machen. Achten Sie darauf, dass der Oberkörper immer gespannt und gerade bleibt. Der Oberschenkel wird nur bis maximal 90 Grad zum Oberkörper angehoben.

TIPP

Kicken Sie am Anfang nicht zu hoch (Schienbeinhöhe ist ausreichend) und nicht zu weit in die Streckung, sondern machen Sie niedrigere und kürzere Kicks.

Halfmoonkick

Beim Halfmoonkick täuscht man einen Tritt an, um dann den Gegner unvermittelt von oben am Kopf, am Hals oder an der Schulter zu treffen. Im Gegensatz zum Tai-Bo wird er im Kampfsport mit dem gestreckten Bein getreten.
Grundsätzlich ist der Halfmoonkick dem Frontkick sehr ähnlich, wobei beim erstgenannten zunächst seitlich nach oben und dann nach unten getreten wird. Trittfläche ist der Fußballen. Das regelmäßige Üben von diesem Kick verbessert die Beweglichkeit der Hüfte.
In der Aufwärtsbewegung wird der Oberschenkel samt der Hüfte leicht nach innen, vom Gegner weggedreht. Am höchsten Punkt, Oberschenkel und Oberkörper stehen maximal im rechten Winkel, wird knapp seitlich am Gegner vorbeigekickt. Jetzt wird das fast ge-

streckte Bein über oder vor den Gegner gebracht, um dann beim Herunterziehen diesen diagonal von oben nach unten zu treffen. Getreten wird mit der Fußfläche. Die Betonung des eigentlichen Kicks liegt somit in der Abwärtsbewegung.

➤ Beanspruchte Hauptmuskelgruppen

Bauchmuskeln, Beinstrecker, Wadenmuskulatur, Beinbeuger.

➤ Hinweise

Vor dem Treten des Halfmoonkicks sollte man immer einige Lockerungsübungen für die Hüfte ausführen, indem man im Wechselschritt abwechselnd ein Knie anhebt und dabei eine leichte Außendrehung des jeweiligen Oberschenkels vollzieht. Vermeiden Sie jedoch Überlastungen des Hüftgelenks und drehen Sie das Bein nicht zu weit nach außen.

Sidekick

Hierbei handelt es sich um einen Fußtritt, der seitlich ausgeführt wird. Stellen Sie sich vor, ein Gegner würde Sie von der Seite angreifen und Sie versuchen ihn zu stoppen bzw. von sich wegzustoßen. Ziehen Sie dafür das vom Gegner abgewandte Bein zum anderen Fuß heran, wobei die Ferse zum Gegner zeigen muss. Das abgestellte Bein wird jetzt zum Standbein und bleibt leicht gebeugt. Drehen Sie den Oberkörper und die Hüfte des Aktionsbeins leicht nach vorne, vom Gegner weg. Der Oberkörper wird dabei etwas geneigt. Der Blick ist jetzt auf den Gegner gerichtet. Die Gesäßseite des Trittbeins zeigt in Richtung Gegner. Zeitgleich wird das Knie angehoben und in Richtung Oberkörper gezogen. Stellen Sie sich das Heranziehen des Aktionsknies so vor, als würden Sie einen Bogen spannen. Der Fuß ist »flex«, die Ferse wird zum Gesäß gezogen. Schulter, Hüfte und Ferse liegen nun ungefähr auf einer Linie, die in Verlängerung zum imaginären Gegner zeigt.

Jetzt wird über diese »Ideallinie« in die Seite getreten. (Denken Sie an den Bogenschuss!) Der gesamte Körper ist angespannt. Trefferfläche ist die Außenkante der Ferse. In der Endposition beschreiben Ferse, Knie, Hüfte und Schulter eine Gerade. Anschließend wird über denselben Weg das Bein aktiv zurückgezogen und abgesetzt.

➤ Beanspruchte Hauptmuskelgruppen

Beinbeuger, Beinstrecker, schräge und gerade Bauchmuskulatur, Außen- und Innenschenkelmuskeln, untere und seitliche Rücken- sowie seitliche Gesäßmuskulatur.

➤ Hinweise

Der Oberschenkel, das Knie und der Unterschenkel bleiben vor und während des Kicks waagerecht. Stellen Sie sich vor, Sie würden auf Ober- und Unterschenkel ein Tablett abstellen. Treten Sie am Anfang nur auf Schienbeinhöhe. Später, wenn Sie sich sicherer fühlen, können Sie auch höher treten, jedoch maximal nur bis zur Waagerechten.

1

2

3

4

Roundhousekick

Stellen Sie sich einen Gegner vor, der in Kampfstellung vor Ihnen steht. Sie versuchen ihn auf seiner offenen Körperfläche zu treffen.
Sie stehen mit gegrätschten Beinen, die Knie sind gebeugt. Aus dieser Stellung wird der hintere Fuß rechtwinklig an den vorderen Fuß herangezogen. Die Ferse zeigt diagonal zum Gegner. Dieses Bein ist nun das Standbein, worauf das Körpergewicht verlagert wird. Es sollte immer leicht gebeugt sein, um in der Bewegung flexibel zu bleiben und einen Gelenkanschlag im Knie zu vermeiden. Der Oberkörper wird wie beim Sidekick leicht vom Gegner weg geneigt, ist aber unter Spannung, um des nötige Gleichgewicht zu halten und um mit mehr Kraft treten zu können.
Das vordere Bein, jetzt Aktionsbein, wird mit dem Knie in Richtung Gegner angehoben. Der Oberschenkel zeigt leicht schräg nach oben. Der Fuß ist point und der Unterschenkel wird fest an den Oberschenkel, die Ferse in Richtung Gesäß gezogen. Die Hüfte ist zur Seite geöffnet, die Kraft kommt aus dem Unterschenkel und der Hüfte.
Jetzt wird in einer halbrunden Bewegung mit dem Fußspann (point) diagonal von unten nach oben gegen die offene Körpermitte des Angreifers getreten und der Fuß sofort wieder aktiv zurückgezogen. In der Endposition beschreiben Fuß, Knie, Hüfte und Schulter einen leichten Bogen.

➤ Beanspruchte Hauptmuskelgruppen

Seitliche Rumpfmuskulatur, Bauchmuskeln und seitlicher Gesäßmuskel.

➤ Hinweise

Beim Sidekick und beim Roundhousekick gibt es erfahrungsgemäß die größten Probleme hinsichtlich der Ausführung. Den meisten Trainierenden sind die Unterschiede zwischen beiden nicht klar. Um einen möglichst großen Trainingsnutzen zu erzielen, ist es aber wichtig, diese zu kennen. So ähnlich die Tritte auch aussehen mögen, in der Bewegung, der Ausführung und der Wirkung sind sie sehr unterschiedlich:

Roundhousekick	*Sidekick*
➤ Halbrunder Tritt	➤ Gerader Stoß
➤ Das Standbein zeigt mit Ferse diagonal zum Gegner.	➤ Das Standbein zeigt mit Ferse zum Gegner.
➤ Das Knie wird in Richtung Gegner angehoben.	➤ Das Knie wird vom Gegner weg wie ein Bogen gespannt.
➤ Die Trittfläche ist der Fußrücken.	➤ Die Trittfläche ist die Fußaußenkante.
➤ Der Fuß ist point.	➤ Der Fuß ist flex.
➤ Die Kraft kommt aus dem Oberschenkel.	➤ Die Kraft kommt aus dem seitlichen Gesäßmuskel.

Ellbogenschläge

Die Ellbogenschläge kommen aus dem Kick-Boxen. Beim Tai-Bo trainieren sie hervorragend die seitlichen und schrägen Bauchmuskeln.

Elbow-up

Stellen Sie sich vor, ein imaginärer Angreifer würde versuchen, Sie von vorne anzugreifen. Die Arme befinden sich in der Deckung. Genau wie beim Punch kommen die Kraft und der Schlag auch beim Elbow-up grundsätzlich zuerst aus den Beinen.

Beim Eindrehen der Hüfte erfolgt zusätzlich eine kleine Aufwärtsbewegung durch den Druck aus dem Ballen. Aus dieser Bewegung heraus wird mit dem Ellbogen nach vorne und aufwärts geschlagen. Der Arm bleibt dabei in angewinkelter Position. Der Faustrücken zeigt während der Schlagbewegung nach außen. Die Faust geht eng am Ohr vorbei, der Ellbogen schlägt bis etwa Blickhöhe. Danach wird der Arm sofort aktiv zur Deckung zurückgezogen.

➤ **Beanspruchte Hauptmuskelgruppen**

Gesamte Beinmuskulatur, Gesäß-, Bauch- und Brustmuskulatur, Armbeuger und Schultermuskulatur.

Elbow-side

Ausgangslage dieses Schlages ist ein seitlicher Angriff. Aus der Parallelstellung wird der Ellbogen des Aktionsarms (der zum Gegner nähere Arm) seitlich auf Schulterhöhe angehoben, der Faustrücken zeigt nach oben. Die Faust geht in einer Ausholbewegung vor die andere Schulter und landet in der offenen Handfläche des anderen Arms. Gleichzeitig wird das zum Gegner nähere Bein mit der Ferse eine halbe Schrittlänge zum anderen Bein herangezogen. Die Fußspitze zeigt deutlich in Schlagrichtung. Der gesamte Körper ist nun wieder wie ein Bogen gespannt. Der Stoß erfolgt mit der gesamten Kraft beider Arme und einem seitlichen Ausfallschritt in gerader Linie zum Gegner. Bei der Stoß- bzw. Seitwärtsbewegung liegt der Unterarm fest am Oberarm, um die Stoßkraft zu maximieren, mehr Spannung auf den Arm zu legen und die Stabilität zu erhöhen. Der Oberkörper bleibt aufrecht und der Körperschwerpunkt befindet sich in der Mitte. Dann wird der Arm aktiv zur Deckungsposition zurückgezogen.

➤ Beanspruchte Hauptmuskelgruppen

Bein-, Schulter-, Arm- und Brustmuskulatur.

➤ Hinweis

Achten Sie beim seitlichen Ausfallschritt unbedingt darauf, dass die Fußspitze des Aktionsbeins direkt auf den imaginären Gegner zeigt. Dadurch vermeiden Sie eine Belastung der seitlichen Bänder von Knie- und Fußgelenk sowie ein Umknicken des Fußes.

TIPP

Üben Sie die Beinarbeit zuerst in drei Schritten: Grundstellung, Heranziehen, Ausfallschritt; danach die Armarbeit: Deckung, Anheben des Ellbogens, Vorspannen, Stoß.

Double-elbow-back

Stellen Sie sich vor, ein Gegner kommt von schräg hinten, um Sie zum Beispiel zu würgen.
Bei dieser kurzen und überaus schnellen Rückwärtsbewegung wird mit beiden Ellbogen gleichzeitig gestoßen bzw. geschlagen. Aus der Grundstellung werden die Fäuste etwa eine dreiviertel Armlänge so nach vorne genommen, dass die Faustrücken nach oben zeigen und die Fäuste sich fast berühren. Während dieser Ausholbewegung atmet man tief ein und hebt dabei den Brustkorb. Aber dabei nicht die Schultern hochziehen! Die Beine werden angespannt; Hüfte und Becken sind fixiert, um einen sicheren und festen Stand zu gewährleisten. Darüber hinaus verhindert diese Haltung auch die Bildung eines Hohlkreuzes während der Stoßbewegung. Beim Zurückstoßen schlagen die Ellbogen nah am Oberkörper vorbei. Im letzten Moment, vor dem gedachten Treffen des imaginären Gegners (zum Beispiel in den Bauch), werden die Faustrücken nach unten gedreht. Dies erhöht die Spannung und Wucht des Stoßes. Er endet mit einem kurzen, kräftigen Ausatmen, die Fäuste sind auf der Körperseite angelangt.

➤ Beanspruchte Hauptmuskelgruppen

Gesamte Armmuskulatur sowie Schulter- und Rückenmuskulatur.

➤ Hinweise

Der Stand sollte bei diesem Stoß immer aufrecht und sicher sein.
Während des Schlages können Sie abwechselnd links und rechts über die Schulter blicken, um so den imaginären Gegner im Blickfeld zu haben.

Elbow-back-turn

Stellen Sie sich vor, ein Gegner will Sie von hinten angreifen.
Aus der Parallelstellung wird der Ellbogen des Aktionsarms auf Schulterhöhe angehoben, der Faustrücken zeigt nach oben. Mit einer leichten Oberkörperdrehung wird nun die Faust in einer Ausholbewegung zur gegenüberliegenden Schulter genommen und gegen die offene Handfläche des anderen Arms gedrückt. Die Fingerspitzen des Druckarms zeigen nach oben, ebenso der Faustrücken des Schlagarms. Bei der nun folgenden Stoßbewegung verstärkt der Druckarm durch Schieben der Faustfläche die Druckkraft. Der Schlag beginnt wie so oft aus den Beinen. Durch den Druck aus dem Bein und dem einseitigen Vornehmen der Hüfte entwickelt sich eine Beschleunigung des Oberkörpers. Zeitgleich schlagen Sie den Ellbogen diagonal nach hinten in Richtung Kinn des imaginären Gegners. In dieser Drehbewegung wird der Unterarm des Aktionsarms eng auf den Oberarm gezogen, um mehr Stabilität zu erreichen. Der Schlag muss rechtzeitig abgestoppt werden, um eine Drehung im unteren Rücken- und Lendenwirbelbereich zu vermeiden. Aus der Endposition wird der Ellbogen wieder aktiv zurückgezogen.

➤ Beanspruchte Hauptmuskelgruppen

Gesamte Bauchmuskulatur, Rückenmuskulatur, Arm-, Schulter-, Brustmuskulatur.

➤ Hinweis

Schlagen Sie niemals weiter als diagonal nach hinten, sonst besteht Verletzungsgefahr für die Bandscheiben.

Blocktechniken

Für jeden Angriff gibt es eine Verteidigung. Beim Tai-Bo werden mit Blocktechniken imaginäre Angriffe abgewehrt.

Außenarmblock

Stellen Sie sich vor, ein imaginärer Gegner greift Sie von der Seite mit einem Fauststoß an.

Aus der Parallelstellung wird in eine Abwehrstellung zum Gegner hin gewechselt. Dabei führen Sie den Blockarm im rechten Winkel von Ober- und Unterarm mit. Der Oberkörper wird aufrecht gehalten, der Körperschwerpunkt liegt in der Mitte.
Der Oberkörper befindet sich weiterhin seitlich zum Gegner, um möglichst wenig Angriffsfläche zu bieten. Kurz bevor der Block erfolgt, wird die Faust

mit der Handfläche zum Gegner gedreht, Faustrücken und Unterarm bilden eine Linie. Dies erhöht die Spannung im Unterarm. Gleichzeitig soll somit die Kraft des Angreifers aufgefangen werden. Geblockt wird mit der Außenseite des Unterarms. Die Faust des Blockarms befindet sich etwa auf Augenhöhe, das heißt, man kann immer noch den imaginären Gegner über die Faustknöchel anvisieren.

➤ Beanspruchte Hauptmuskelgruppen

Arm-, Schulter- und Rückenmuskulatur.

➤ Hinweis

Als Variation kann als Kontertechnik ein Punch mit der Deckungsfaust zum Gegner hin ausgeführt werden. Fortgeschrittene können auch andere Techniken nach einem Block ausführen. Probieren Sie es einfach aus.

Lowblock

Stellen Sie sich vor, Sie müssen einen gegnerischen Roundhousekick abwehren.
Wie beim Außenarmblock wird aus der Parallelstellung zur Seite in die Kampfstellung gewechselt. Der Oberkörper wird zum Gegner hin gedreht. Zeitgleich führt man mit dieser Bewegung den Block aus. Der dem Gegner nähere Arm wird ruckartig aus der Deckungsposition diagonal von oben nach unten geführt und stoppt etwa über dem Oberschenkel des vorderen Beins.
Kurz bevor der Blockarm die Endposition erreicht, drehen Sie die Faust um etwa 45 Grad, um mit der Außenseite des Unterarms zu blocken. Die Drehung des Unterarms bewirkt, dass die Kraft und Energie des imaginären Gegners aufgefangen wird. Auch in der Endposition bleibt der Ellbogen immer leicht gebeugt, um einen Gelenkanschlag zu vermeiden.

Diese Technik kann genauso bei einem Angriff von vorne eingesetzt werden. Dabei wird aus der Parallelstellung in eine Vorwärtsschrittstellung gewechselt. Die Blockbewegung bleibt identisch. Als Kontertechnik kann dann ein Punch mit der Deckungsfaust zum Gegner ausgeführt werden.

➤ Beanspruchte Hauptmuskelgruppen

Arm-, Schulter-, Bauch- und Rückenmuskulatur.

➤ Hinweis

Bei den Blöcken entwickelt man die Kraft und Wucht erst im letzten Moment durch die kurze und präzise Drehung des Unterarms. Dadurch wird die auftreffende Kraft des Gegners um- bzw. weggeleitet. Wie funktioniert das? Stellen Sie sich vor, jemand versucht mit einem Schraubenzieher einen Autoreifen zu zerstechen. Kein Problem. Doch was würde passieren, wenn sich der Autoreifen dreht? Richtig, der Schraubenzieher würde vom Reifen abgleiten, ohne ihn zu beschädigen.

Handflächeninnenblock

Stellen Sie sich vor, ein Angreifer möchte Sie von vorne mit einem Punch treffen. Aus der Parallelstellung weicht man dem Schlag des Gegners aus, indem man eine Schrittlänge diagonal auf seine Schlaghand zugeht. Jetzt befindet man sich außerhalb der Schlaglinie des Gegners und gleichzeitig in einer optimalen Block- und Konterstellung. Zeitgleich mit der Ausweichbewegung wird mit der Handflächeninnenseite der Puncharm des Gegners zu dessen Körperinnenseite weggedrückt und somit die Angriffsenergie umgeleitet.
Diese Technik kann einzeln ausgeführt werden oder mit einer Angriffstechnik zum Konterschlag erweitert werden. Danach nehmen Sie schnell wieder die Grund- und Deckungsposition ein.

➤ Beanspruchte Hauptmuskelgruppen

Arm-, Schulter-, Brust- und Bauchmuskulatur (schräge, seitliche und gerade), Bein- und Gesäßmuskeln.

➤ Hinweis

Der Handflächeninnenblock gehört in der Selbstverteidigung zu den »weichen« Blöcken. Weiche Blöcke haben den Vorteil, dass körperlich unterlegene Personen mit der Kraft und physischen Überlegenheit des Angreifers arbeiten können: Das heißt, die fremde Kraft wird zum eigenen Vorteil umgeleitet. Mit einem leichten »Wegpatschen« der Schlaghand geht diese in eine andere Richtung. Gleichzeitig verliert der Angreifer durch die Wucht des Schlages für einen kurzen

Moment die Kontrolle. Dies genügt, um eine geeignete Reaktion folgen zu lassen. Da uns im Tai-Bo mehr der Trainingseffekt als der eigentliche Kampf interessiert, haben wir den Block etwas »härter« gestaltet. Wir arbeiten beim imaginären Wegdrücken der Schlagfaust aktiv mit dem Druck der Bauchmuskeln.

Kreuzblock und Parallelseitblock

Stellen Sie sich vor, ein Angreifer versucht von oben auf Sie herabzuschlagen. Bei dieser Technik handelt es sich um einen kombinierten Abwehrblock nach oben (zum Schutz des Kopfes) und zur Seite (zum Schutz des Rückens).

Aus der Deckung werden die Unterarme nach oben geführt, sie befinden sich etwa eine Faustbreite vor der Stirn. Bei der Aufwärtsbewegung kreuzen sich die Unterarme und die Handflächen drehen nach außen. Die Arme werden fest angespannt und so vor bzw. über dem Kopf positioniert, dass man noch zwischen den Unterarmen den Angreifer anvisieren kann.

Kreuzblock

Danach zieht man die Arme zur linken und rechten Körperseite kräftig nach unten. Die Ellbogen bleiben leicht gebeugt und die Fäuste machen im letzten Moment vor dem gedachten Block eine Vierteldrehung. Zum Abschluss wird wieder die Deckungsposition eingenommen. Wiederholen Sie am Anfang mehrfach den Kreuzblock, dann mehrfach den Parallelseitblock. Wenn Sie beide Blöcke sicher beherrschen, verbinden Sie diese miteinander. Achten Sie darauf, dass Sie beide Blöcke mit viel Kraft und Spannung ausführen.

➤ **Beanspruchte Hauptmuskelgruppen**
Arm-, Schulter-, Nacken- und Rückenmuskulatur.

Parallelseitblock

Bodenübungen

Bei den Techniken, die eine sehr komplexe und korrekte Ausführung der Bewegung erfordern, kann es von Vorteil sein, zuerst am Boden zu trainieren. Dies fördert das Körpergefühl und das Verständnis für die Ausführung. Später, wenn man auf einem Bein stehen soll, muss man sich nicht mehr auf alle Details gleichzeitig konzentrieren. Außerdem dienen diese Übungen auch der Stärkung der Muskulatur (Kraft- und Ausdauertraining), die für die Techniken gebraucht wird. Somit kann man diese Übungen jederzeit nach dem Warm-up oder vor dem Stretching in das Workout einbeziehen.

Backkick

Nehmen Sie einen Vierfüßlerstand ein: Die Unterarme liegen auf dem Boden, die Ellbogen stehen senkrecht unter den Schultern, die Knie senkrecht unter dem Hüftknochen. Spannen Sie den Bauch fest an und halten Sie den Rücken gerade. Denken Sie sich den Kopf als Verlän-

gerung der Wirbelsäule, der Blick ist gerade nach unten gerichtet.
Jetzt heben Sie ein Bein vom Boden weg, flexen Ihren Fuß und stoßen ihn gerade nach hinten. In der Endposition bleibt das Knie leicht gebeugt und das Bein ist die Verlängerung der Wirbelsäule. Ziehen Sie das Bein wieder aktiv zurück. Wiederholen Sie diese Streckbewegung mehrmals, ohne das Bein abzusetzen.
Üben Sie langsam, kontrolliert, mit Körperspannung und Kraft. Nutzen Sie den Takt der Musik: Arbeiten Sie auf 2 Schlägen, das bedeutet einen Kick auf 4 Schlägen (Beats). Wenn Sie den Backkick später als Tritt ausführen, wird jeder Tritt auf 2 Schlägen (Beats) ausgeführt.

➤ Hinweis

Bei dieser Bodenübung kann man auch gleichzeitig das Blicken nach hinten üben (siehe Seite 48 f.). Kurz vor dem Tritt drehen Sie ihren Kopf über die Schulter der Aktionsseite. Achten Sie darauf, dass das Gesäß und die Hüfte weiterhin waagerecht bleiben.

Roundhousekick

Legen Sie sich auf die Seite. Der Ober- und der Unterschenkel der aufliegenden Körperseite bilden einen Winkel von 90 Grad. Neigen Sie die obere Schulter leicht nach vorne und stützen Sie sich mit der oberen Hand am Boden auf. Das Aktionsbein wird angehoben, der Oberschenkel bildet eine Verlängerung der Wirbelsäule. Der Unterschenkel wird nahe zum Gesäß gezogen, der Fuß ist point. Sobald der Oberschenkel den höchsten Punkt erreicht, wird der Unterschenkel ausgestreckt und wieder aktiv zurückgezogen. Das Knie bleibt dabei immer leicht gebeugt. Führen Sie die Bewegungen zunächst langsam aus, um ein Gefühl für diese zu bekommen. Später können Sie auch schnell treten.

Sidekick

Nehmen Sie die gleiche Ausgangslage wie beim Roundhousekick (siehe Seite 72) ein. Ziehen Sie nun den rechten Oberschenkel in Richtung Ihres rechten Ellbogens, die Ferse in Richtung Gesäß. Das Knie des rechten Beins verbleibt immer unterhalb der rechten Ferse. Der Fuß ist bei dieser Technik flex und die Ferse befindet sich oberhalb der Fußspitze.

Jetzt wird das Bein (in Verlängerung des Rückens) gestreckt, wobei auch hier das Knie immer leicht gebeugt bleiben sollte. Ferse, Knie, Hüfte und Schulter der oberen Körperseite bilden in der Endposition eine Linie. Üben Sie im gleichen Rhythmus wie beim Backkick beschrieben.

Stepptechniken

Cross- und Turn-Stepps verbessern die Geschmeidigkeit und die Reaktionsfähigkeit. Gleichzeitig wird die Schnellkraft trainiert. Wegen der einfachen Grundausführung werden diese Bewegungen gerne nach einem anstrengenden Intervallteil oder nach einer komplexeren Schlagkombination eingesetzt. Auch zum Auflockern sind die Stepptechniken gut geeignet.

Cross-Stepp

Die Grundbewegung dieser Technik ist ein einfacher Vorwärts-Wechselschritt bzw. -sprung, kombiniert mit einer Ausweich- und Drehbewegung.
Aus der rechten Kampfstellung (rechtes Bein steht vorne) wird diagonal nach rechts vorne (also in die Seite des imaginären Angreifers) gesprungen. Im Sprung wechselt der linke Fuß nach vorne und der Körper macht gleichzeitig eine 90-Grad-Drehung nach links. Sie stehen jetzt in einer linken Kampfstellung (linkes Bein vorne). Die Deckungsgrundhaltung der Fäuste wird beibehalten. Steht am Anfang das linke Beine vorne, so wird die Technik natürlich seitenverkehrt ausgeführt. Fangen Sie erst mit dem Wechselsprung oder -schritt an. Als nächstes folgt die Ausweich- und Drehbewegung. Wenn Sie diese Bewegungsabläufe sicher beherrschen, können Sie auch Ausweich- und Angriffstechniken verbinden.

Turn-Stepp

Bei dieser Technik wird der imaginäre Gegner »umkreist«.
Aus der rechten Kampfstellung (rechtes Bein ist vorne) werden vier Vierteldrehungen gegen den Uhrzeigersinn ausgeführt. Mit dem hinteren Bein stoßen Sie sich kräftig vom Boden ab und lösen somit die Drehung aus. Das vordere Bein wird durch eine leichte Hochbewegung entlastet, um ein Drehen auf dem belasteten Knie zu vermeiden. Dabei behält der Fuß aber immer Bodenkontakt.

Mit beiden Stepptechniken können Sie »spielen«. Ein lockeres Springen dient der Erholung, ein schnelles Wechseln fördert die Schnellkraft. Sie können Ausweich- und Angriffskombinationen verbinden, zum Beispiel ein Cross-Stepp nach rechts (jetzt steht das linke Bein vorne), rechtes Bein zum linken heranziehen und einen Frontkick mit links, zurückgehen und dann wieder ein Cross-Stepp zur Ausgangsposition. Diese Schlagkombination kann auf einem Takt (8 Beats) ausgeführt werden.

Ausgleichsbewegungen

Speedball

Mit diesen Bewegungen schulen Sie die Kraftausdauer der Schulter- und Armmuskulatur. Beim Boxen bedient man sich der Punchbirne. Sie besteht aus einer runden Platte, an der ein Gelenk mit einem Lederball angebracht ist. Das Ganze wird so an einer Wand befestigt, dass der Lederball ungefähr auf Kopfhöhe hängt. Nun schlägt man mit einer Faust den Lederball nach vorne weg. Der Ball muss dreimal gegen die Platte

schlagen, also vor, zurück und wieder vor. Beim Zurückkommen wird er erneut geschlagen. Dies geht mit einer Hand oder mit beiden Fäusten, erst in einem langsamen, dann in einem immer schnelleren Tempo.
Tai-Bo kommt ohne dieses Hilfsmittel aus: Die Ellbogen werden seitlich auf Schulterhöhe angehoben. Die Fäuste bewegen sich, aus den Unterarmen heraus, im Kreis. Halten Sie Fäuste und Arme gespannt. Je schneller die Drehbewegung ausgeführt wird, desto mehr werden Sie Ihre Schultermuskulatur spüren.
Speedball kann im Stehen, aber auch in Bewegung durchgeführt werden. Sie können zum Beispiel zum Rhythmus der Musik viermal nach rechts und viermal nach links springen. Dazu lassen Sie die Arme kreisen.
Alternativ können Sie dreimal nach rechts springen und dann zur Auflockerung zweimal in die Hände klatschen. Danach springen Sie dreimal nach links und klatschen wieder zweimal. Das Ganze wird auf 2 Takten (16 Beats) ausgeführt.

Tackeln

Diese Konditions- und Schnellkraftübung kennen wir vor allem vom American Football. Es handelt sich um ein enges oder breitbeiniges, schnelles Tippeln auf der Stelle, wobei auch Vorwärts- oder Seitwärtsbewegungen ausgeführt werden können.

Schlag- und Trittkombinationen

Wer die Grundprinzipien des Tai-Bo beherrscht und mehr Abwechslung sucht, kann Schlagkombinationen ins Training einbauen. Dies sind aneinander gereihte Hand- und Fußtechniken, die eine bestimmte Verteidigungs- und Angriffskombination ergeben. Im Kampfsport gibt es viele festgelegte Schlagkombinationen. Im Taekwondo heißen sie traditionell »Hyong«, bei der moderneren Variante spricht man von »Poomsae«. Im Tai-Bo heißen sie »Ko«.
Bei allen Kombinationen stellt man sich vor, dass man von einem imaginären Gegner von irgendeiner Seite her angegriffen wird, sich verteidigt oder selbst durch einen Konter angreift. Nachfolgend werden vier Schlagkombinationen dargestellt, die zur Musik in das Training integriert werden können.
Erinnern Sie sich an den Abschnitt über Musik (siehe Seite 21 f.). Wir sprachen von Phrasen von 8 Beats (Schläge), die 1 und die 5 sind meist betont: 1–2–3–4–5–6–7–8.
In den Klammern steht jeweils der Schlag, auf den die Technik ausgeführt werden soll. Sie werden merken, dass man diese Kombinationen auch in verschiedenen Tempi schlagen kann: langsam, schnell, mit größeren Pausen, mit kleineren Pausen. Zählen Sie am Anfang bei jeder Schlagkombination mit, um so ein Rhythmusgefühl zu entwickeln.

Erste Schlag- und Trittkombination

➤ Erste Kombination mit Pausen

Aus der rechten Kampfstellung (Bild 1) erfolgt ein Jab mit der rechten Faust (Bild 2) (1)
Zurückziehen zur Deckung (Bild 3) (2)
Pause (3+4)
Hook mit der rechten Faust (Bild 4) (5)
Zurückziehen zur Deckung (Bild 1) (6)
Pause (7+8)
Punch mit der linken Faust (Bild 5) (1)
Zurückziehen zur Deckung (Bild 1) (2)
Pause (3+4)
Linkes Bein mit der Ferse zum rechten Bein heranziehen (Bild 6) (5)
Sidekick mit dem rechten Fuß (Bild 7) (6)
Pause (7+8)

➤ Erste Kombination ohne Pausen

Aus der rechten Kampfstellung (Bild 1) erfolgt ein Jab mit der rechten Faust (Bild 2) (1)
Zurückziehen zur Deckung (Bild 3) (2)
Hook mit der rechten Faust (Bild 4) (3)
Zurückziehen zur Deckung (Bild 1) (4)
Punch mit der linken Faust (Bild 5) (5)
Zurückziehen zur Deckung (Bild 1) (6)
Linkes Bein mit der Ferse zum rechten Bein heranziehen (Bild 6) (7)
Sidekick mit dem rechten Fuß (Bild 7) (8)

➤ Austausch einzelner Techniken

Hook mit der rechten Faust (Bild 4) (1)
Linkes Bein mit der Ferse zum rechten Bein heranziehen (Bild 6) (2)
Sidekick mit dem rechten Fuß (Bild 7) (3+4)
Zurückziehen zur Deckung (Bild 1) (5+6)
Jab mit der rechten Faust (Bild 2) (7)
Punch mit der linken Faust (Bild 5) (8)

An diesem Beispiel sehen Sie, wie man eine vorgeschlagene Reihenfolge durch einfaches Umstellen variieren kann.

1

2

3

4

5

6

7

Zweite Schlag- und Trittkombination

➤ Zweite Kombination mit Pausen

Elbow-side nach links (Bild 1) (1+2)
Pause (3+4)
Linkes Bein, leicht ausgedreht, nach vorne stellen (Bild 2) (5)
Rechter Frontkick (Bild 3) (6)
Rechtes Bein vorne abstellen, Pause (7+8)
Mit dem linken Bein und einem Außenarmblock nach vorne kommen (Bild 4) (1+2)
Pause (3+4)
Punch mit der rechten Hand (Bild 5) (5)
Hinteres Bein heranziehen und ein Kneekick mit dem linken Bein (Bild 6) (6+7)
Abstellen des Beins in die Grundposition (8)

➤ Zweite Kombination ohne Pausen

Elbow-side nach links (Bild 1) (1)
Linkes Bein, leicht ausgedreht, nach vorne stellen (Bild 2) (2)
Rechter Frontkick (Bild 3) (3)
Rechtes Bein vorne abstellen (4)
Mit dem linken Bein und einem Außenarmblock nach vorne kommen (Bild 4) (5)
Punch mit der rechten Hand (Bild 5) (6)
Hinteres Bein heranziehen und ein Kneekick mit dem linken Bein (Bild 6) (7+8)

➤ Austausch einzelner Techniken

Linkes Bein, leicht ausgedreht, nach vorne stellen (Bild 2) (1)
Rechter Frontkick (Bild 3) (2)
Rechtes Bein abstellen und Pause (3+4)
Elbow-side nach links (Bild 1) (5+6)
Pause (7+8)
Punch mit der rechten Hand (Bild 5) und im aktiven Zurückziehen einen Außenarmblock einnehmen (Bild 4) (1+2)
Pause (3+4)
Hinteres Bein heranziehen und ein Kneekick mit dem linken Bein (Bild 6) (5+6)
Absetzen und Pause (7+8)

1
2
3
4
5
6

1

2

3

4

5

Dritte Schlag- und Trittkombination

➤ Dritte Kombination mit Pausen

Punch mit der rechten Faust (Bild 1)	(1+2)
Pause	(3+4)
Elbow-back-turn mit dem linken Ellbogen (Bild 2)	(5+6)
Pause	(7+8)
Elbow-up mit dem rechten Ellbogen (Bild 3)	(1+2)
Pause	(3+4)
Rechtes Bein vornehmen und leicht ausdrehen (Bild 4) zum Kneekick mit dem linken Knie (Bild 5)	(5+6)
Absetzen und Pause	(7+8)

➤ Dritte Kombination ohne Pausen

Punch mit der rechten Faust (Bild 1)	(1+2)
Elbow-back-turn mit dem linken Ellbogen (Bild 2)	(3+4)
Elbow-up mit dem rechten Ellbogen (Bild 3)	(5+6)
Rechtes Bein vornehmen und leicht ausdrehen (Bild 4) zum Kneekick mit dem linken Knie (Bild 5)	(7+8)

➤ Austausch der Techniken mit Pausen

Elbow-up mit dem rechten Ellbogen (Bild 3)	(1+2)
Pause	(3+4)
Rechtes Bein vornehmen und leicht ausdrehen (Bild 4) zum Kneekick mit dem linken Knie (Bild 5)	(5+6)
Pause	(7+8)
Elbow-back-turn mit dem linken Ellbogen (Bild 2)	(1+2)
Pause	(3+4)
Punch mit der rechten Faust (Bild 1)	(5+6)
Pause	(7+8)

➤ Austausch der Techniken ohne Pausen

Elbow-up mit dem rechten Ellbogen (Bild 3)	(1+2)
Rechtes Bein vornehmen und leicht ausdrehen (Bild 4) zum Kneekick mit dem linken Knie (Bild 5)	(3+4)
Elbow-back-turn mit dem linken Ellbogen (Bild 2)	(5+6)
Punch mit der rechten Faust (Bild 1)	(7+8)

Vierte Schlag- und Trittkombination

➤ Vierte Kombination mit Seitenwechsel und Pausen

Kampfstellung (Bild 1) (1+2)
Abtauchen (Bild 2) (3)
Hochkommen mit einem Uppercut links (Bild 3) (4)
Pause (5+6)
Hook mit der hinteren Faust (Bild 4) (7+8)
Pause (1+2)
Hinteres Bein heranziehen (Bild 5) (3+4)
zu einem Roundhousekick (Bild 6) (5+6)
Absetzen und durch Fußwechsel einen Seitenwechsel herbeiführen (7+8)

➤ Vierte Kombination mit Seitenwechsel und ohne Pausen

Kampfstellung (Bild 1)
Abtauchen (Bild 2) (1)
Hochkommen mit einem Uppercut (Bild 3) (2)
Hook mit der hinteren Faust (Bild 4) (3+4)
Hinteres Bein heranziehen (Bild 5) zu einem Roundhousekick (Bild 6) (5+6)
Absetzen und durch Fußwechsel einen Seitenwechsel herbeiführen (7+8)

➤ Austausch der Techniken mit Seitenwechsel und Pausen

Hook mit der hinteren Faust (Bild 4) (1+2)
Pause (3+4)
Hinteres Bein heranziehen (Bild 5) (5 + 6)
zu einem Roundhousekick (Bild 6) (7 + 8)
Absetzen und Pause (1 + 2)
Abtauchen aus der Kampfstellung (Bild 1 und 2) (3 + 4)
Hochkommen mit einem Uppercut (Bild 3) (5 + 6)
Pause und die Seite wechseln (7 + 8)

➤ Austausch der Techniken mit Seitenwechsel und ohne Pausen

Hook mit der hinteren Faust (Bild 4) (1)
Hinteres Bein heranziehen (Bild 5) (2)
zu einem Roundhousekick (Bild 6), zurückziehen und absetzen (3 + 4)
Abtauchen aus der Kampfstellung (Bild 1 und 2) (5)
Hochkommen mit einem Uppercut (Bild 3) (6)
Schrittwechsel (7 + 8)

Sie können die gleiche Übung auch mit der anderen Seite durchführen.

Es macht sehr viel Spaß, sich mit diesen Kombinationen auseinander zu setzen. Probieren Sie selbst verschiedene Varianten aus. Lassen Sie die Musik weiterlaufen, bleiben Sie in Bewegung und entwickeln Sie Ihre eigenen Schlagkombinationen.

1

2

3

4

5

6

Rope Skipping (Seilspringen)

Dies ist eine weitere, äußerst effektive Möglichkeit, das Tai-Bo-Training zu variieren. Es kommt beim Warm-up, beim Intervalltraining oder beim Zirkeltraining zum Einsatz. Rope Skipping ist für Boxer oder Kampfsportler ein absolutes Muss. Die Bewegungen sind einfach, aber in ihrer Wirkung äußerst intensiv. Es ist ein ideales Ausdauer-, Kraft- und Schnellkrafttraining und fördert die Koordinationsfähigkeit.
Beim Rope Skipping bezeichnet man einen Sprung als Trick. Eine Routine ist eine Folge von Sprüngen bzw. Tricks. Beim Warm-up sollten Sie darauf achten, dass keine zu hohe Sprungbelastung stattfindet, da der Körper noch in der Erwärmungsphase ist. Im Workout können dann als einfache Ausgleichsbewegungen alle Tricks angewandt werden. Diese kann man sowohl mit, als auch ohne Seil springen.
Ein Sprungseil kann man immer und überall mitnehmen. Es passt in jeden Koffer und ist daher bei Urlaubs- oder Geschäftsreisen das ideale Trainingsgerät.

Das Seil

Sprungseile (ropes) bekommt man mittlerweile in jedem guten Sportgeschäft. Speed Ropes bestehen aus robustem Kunststoff und eignen sich besonders für Einsteiger. An den Enden befinden sich Kunststoff-Hohlgriffe, damit sich das Seil gut drehen lässt. Es wird in verschiedenen Längen angeboten. Um ein bestmögliches Springen zu garantieren, ist die richtige Seillänge wichtig: Stellen Sie sich auf die Seilmitte. Das Seil sollte jetzt ungefähr bis zur Achselhöhe gehen. Falls das Seil zu lang ist, macht man ein paar Knoten unterhalb der Hohlgriffe.

Körperhaltung

Beim Springen sollten Sie immer eine aufrechte Körperhaltung bewahren. Das Brustbein ist angehoben und der Blick nach vorne gerichtet. Die Oberarme liegen eng am Körper. Nicht die Schultern hochziehen! Die Unterarme sind in einem Winkel von mehr als 90 Grad zum Oberarm gebeugt. Die Dreh- und Schwungbewegung kommt ausschließlich aus den Handgelenken.

Sprungtechnik und Tricks

Springen Sie nur auf den Fußballen und rollen Sie dann bis zur Ferse ab. Wichtig ist, dass man sehr flach springt. So werden die Knie weniger belastet und man ermüdet nicht so schnell.

Beim Rope Skipping spricht man von Tricks, wenn man verschiedene Sprungvarianten meint. Die einfachsten und schnell zu erlernenden Tricks lernen Sie auf den folgenden Seiten kennen.

➤ Easy Jump

Man springt mit geschlossenen Füßen nach oben und zieht bei jedem Sprung das Seil einmal unter den Füßen durch.

➤ Skier
Wie der Easy Jump, doch man springt mit beiden Beinen abwechselnd nach rechts und wieder nach links.

> **Bell**

Bei diesem Trick wird mit geschlossenen Füßen nach vorne und wieder zurück gesprungen.

➤ X-it

Man springt so ähnlich wie ein Hampelmann, die Beine werden jedoch im Wechsel geöffnet und gekreuzt. Die Knie und Fußspitzen bleiben nach vorne gerichtet.

➤ Forward Straddle

Ein Vorwärts-Wechselsprung: Einmal ist der rechte Fuß vorne, dann der linke.

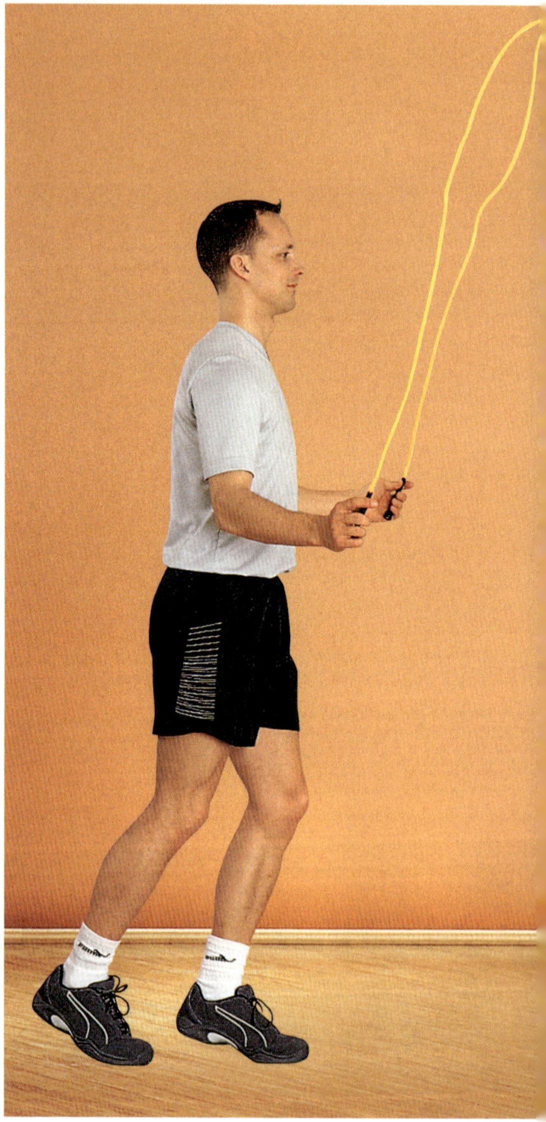

Das Cool-down

Am Ende des Workouts wird Ihr Puls relativ hoch sein. Bevor Sie nun zum Stretchen übergehen, muss der Puls langsam und kontinuierlich abgesenkt werden. Wenn man zu abrupt sein Training beendet, könnte dies zu Schwindelanfällen oder Kreislaufstörungen führen, da das Blut plötzlich in die Blutgefäße der Beine sackt. Dies bewirkt wiederum einen kurzzeitigen Sauerstoff- und Blutmangel im Gehirn.

Denken Sie an eine geschüttelte Flasche Sekt: Öffnet man sie sofort, sprudelt alles heraus; wartet man einige Zeit, hat sich der Inhalt wieder beruhigt. Deshalb sollten Sie sich am Ende des Workouts locker und dynamisch weiterbewegen. Führen Sie nur noch kleine Bewegungen aus, atmen Sie normal weiter. Bewegen Sie Ihre Arme unter Schulterhöhe, da höhere Armbewegungen zu einem Pulsanstieg führen. Der Kopf muss über der Gürtellinie bleiben, um einem Schwindelgefühl vorzubeugen.

Sie können umhergehen und einige Lockerungsbewegungen ausführen. Nach etwa 2 Minuten sollte der Puls um 20 bis 30 Schläge zurückgegangen sein. Nach ungefähr 4 Minuten sollte Ihr Puls wieder normal sein. Jetzt ist Ihr Körper bereit für das Stretching.

Am Ende eines Tai-Bo-Workouts wird der Puls durch lockeres Marschieren auf der Stelle rasch wieder auf den Ausgangswert gebracht. Erst dann kann man mit dem Stretching beginnen.

Dehnübungen

Um Verkürzungen und Verspannungen der Muskulatur vorzubeugen, führen Sie am Ende des Trainings 8 bis 10 Minuten Dehnübungen (Stretching) aus. Hierbei werden besonders die Muskeln gedehnt, die am meisten beansprucht wurden – mindestens aber die fünf »Pflichtmuskeln«:

- Oberschenkelmuskulatur hinten
- Oberschenkelmuskulatur vorne
- Oberschenkelmuskulatur innen
- Brustmuskulatur
- Hals- und Rückenmuskulatur hinten und seitlich

Jede Übung dauert 10 bis 45 Sekunden. Die Intensität steht im Verhältnis zur vorhergehenden Leistung: Je höher die vorausgegangene Leistung, desto vorsichtiger soll nachgedehnt werden.

Merke:

Ein müder Körper ist stärker verletzungsgefährdet.

Passives, statisches Dehnen

Die Dehnposition wird eingenommen, bis eine deutlich spürbare Dehnung wahrnehmbar ist, die dann maximal 45 Sekunden gehalten wird. In dieser Zeit dehnt sich der Muskel und wird länger. Dadurch tritt eine Entspannung des Muskels ein. Atmen Sie während des Dehnens gleichmäßig weiter.
Bei einem weiteren, betonteren Ausatmen verstärken Sie die Dehnung und halten Sie wieder bis zu 45 Sekunden. Diesen Vorgang können Sie zwei- bis dreimal wiederholen.

Anspannungs- und Entspannungsdehnen

Nehmen Sie eine Dehnposition ein, bei der eine gute Spannung spürbar ist. Jetzt wird die gedehnte Muskulatur isometrisch angespannt und 10 bis 45 Sekunden gehalten. Wenn eine gewisse Muskelentspannung spürbar ist, lösen Sie die Spannung und atmen langsam aus. Spannen Sie dann wieder Ihre Muskulatur isometrisch an. Halten Sie erneut für ca. 10 bis 45 Sekunden die Dehnung. Versuchen Sie beim Ausatmen noch etwas mehr Dehnung zu erlangen. Atmen Sie ruhig und gleichmäßig weiter. Diesen Vorgang können Sie zwei- bis dreimal ohne Pausen wiederholen.

Dynamisches Dehnen

Hierbei handelt es sich um ein wiederholtes, geführtes, sanftes »Schieben« in der Dehnposition mit kleiner Bewegungsamplitude und betontem Ausatmen, um die Bewegungsgrenze weiter hinauszuschieben. Diese Dehnbewegungen führen Sie am besten im halben Takt zur Musik aus: Sie gehen 2 Schläge lang in die Dehnposition und lösen sie dann während 2 Beats. Wiederholen Sie diese Bewegung 20- bis 30-mal.

Übungen zum statischen Dehnen

➤ Oberschenkelmuskulatur hinten (Beinbeuger) und Wadenmuskulatur

Machen Sie einen weiten Ausfallschritt. Beide Hände stützen sich im Bereich des vorderen Beins am Boden ab. Achten Sie auf einen geraden Rücken, indem Sie das Brustbein angehoben lassen. Der Kopf bleibt in Verlängerung der Wirbelsäule, der Blick ist nach vorne gerichtet. Versuchen Sie das vordere Bein so weit wie möglich zu strecken und die Ferse des hinteren Beins in Richtung Boden zu führen. Der vordere Fuß sollte nach Möglichkeit mit der gesamten Fußsohle am Boden bleiben.

➤ Oberschenkelmuskulatur vorne und Hüftbeuger

Aus dem Ausfallschritt heraus legen Sie Ihren hinteren Oberschenkel auf den Boden (am besten auf ein zusammengerolltes Handtuch oder eine Decke). Richten Sie den Oberkörper auf und stützen Sie sich mit beiden Händen auf Ihrem vorderen Oberschenkel ab. Führen Sie den hinteren Unterschenkel mit der Ferse in Richtung Gesäß. Fassen Sie mit der seitengleichen Hand Ihre Fußfessel und bleiben Sie in dieser Haltung. Dehnen Sie nur so weit, dass kein Schmerz entsteht. Achten Sie auf eine gerade und aufrechte Oberkörperhaltung.

Dehnen der hinteren Oberschenkel- und der Wadenmuskulatur.

Dehnen der Hals- und Rückenmuskulatur.

➤ Oberschenkelmuskulatur innen

Legen Sie sich auf den Rücken und strecken Sie beide Beine in Richtung Decke. Die Füße sind flex. Grätschen Sie Ihre Beine und greifen Sie mit den Händen zwischen die Oberschenkel knapp unterhalb der Knie. Dosieren Sie mit den Händen die Dehnung. Sollte das Dehnungsempfinden nachlassen, können Sie ruhig noch etwas nachdehnen. Legen Sie anschließend die Händen an die Beinaußenseiten und führen Sie Ihre Beine wieder zusammen. Stellen Sie abschließend die Füße am Boden auf.

➤ Brustmuskulatur

Aus der Parallelstellung nehmen Sie Ihre Arme hinter dem Gesäß zusammen, umfassen mit einer Hand das andere Handgelenk und ziehen die Arme weit nach hinten vom Gesäß weg. Vermeiden Sie ein Hohlkreuz, indem Hüfte und Becken an Ihrem Platz bleiben. Richten Sie das Brustbein weit auf, spannen Sie die Bauchmuskulatur und ziehen Sie nicht die Schultern hoch. Atmen Sie gleichmäßig weiter und versuchen Sie langsam, aber ohne Schmerz die größtmögliche Dehnposition zu erlangen.

➤ Hals- und Rückenmuskulatur hinten und seitlich

Aus der Parallelstellung führen Sie beide Arme in einem großen Bogen nach vorne – so, als wollten Sie einen großen Luftballon umfassen. Machen Sie einen Katzenbuckel und versuchen Sie den Bauchnabel in Richtung Wirbelsäule zu ziehen. Der Kopf wird gleichzeitig mit dem Kinn zur Brust geführt. Stellen Sie sich vor, der Ballon würde weiter aufgeblasen und Sie versuchen mit Ihren Armen einen noch größeren Bogen zu beschreiben.

➤ Unter- und Oberarmmuskulatur

Nehmen Sie einen Arm gerade nach vorne, die Schultern bleiben tief und die Handfläche zeigt nach oben. Greifen Sie mit den Fingern der anderen Hand über die Handfläche einschließlich des Daumens. Ziehen Sie nun die Hand langsam nach unten und halten Sie dabei den Arm leicht gebeugt. Anschließend dehnen Sie die andere Hand.

➤ Bauch- und Gesäßmuskeln

Ergänzend zum Stretching der »Pflichtmuskulatur« können Sie noch die Bauchmuskeln und die Gesäßmuskulatur dehnen, da diese beim Tai-Bo ebenfalls beansprucht werden.

Info:

Viele Dehnübungen können sowohl im Stehen als auch im Liegen ausgeführt werden.

Dehnen der Unter- und Oberarmmuskulatur.

Die Entspannung

Ein ganzheitliches, ausgewogenes Tai-Bo-Workout endet in der Regel immer mit einem ausgedehnten Entspannungsteil. Es gibt verschiedene Möglichkeiten, diesen zu gestalten. Ich möchte zwei Methoden vorstellen, die sich in meinen Unterrichtsstunden besonders bewährt haben, bei denen sich die Teilnehmer am besten entspannen und neue Kraft tanken konnten.

Entspannung steht nicht nur für körperliches Wohlbefinden. Sie trägt auch zur Steigerung und Erhaltung unserer Gesundheit bei. Unter Gesundsein wird landläufig ein Funktionieren aller Organe verstanden. Doch der Begriff umfasst auch unser geistiges, psychisches und soziales Wohlbefinden. Gerade diese Bereiche kommen in unserer hektischen Welt meistens zu kurz. Oftmals werden Krankheiten durch Stress und Probleme ausgelöst. Gesundheit ist nicht allgegenwärtig, sondern ein ständiger dynamischer Prozess, der gefördert werden will.

Die Asiaten erklären dies mit dem Ying-Yang-Prinzip. Jeder von Ihnen hat bestimmt schon einmal das Symbol für die Einheit von Ying und Yang gesehen. Schwarz und Weiß, doch im Schwarz gibt es etwas Weiß und im Weiß befindet sich etwas Schwarz. Das bedeutet, dass trotz des Gegensatzes das eine nicht ohne das andere existieren kann. Sie hängen vielmehr voneinander ab:

Es gäbe keine Schönheit, wenn das Hässliche nicht wäre.
Es gäbe nichts Gutes, wenn das Böse nicht existierte.
Es gäbe nichts Leichtes, wenn es das Schwere nicht gäbe.
Es gäbe nichts Großes, wenn das Kleine nicht wäre.
Es gibt keine Gesundheit ohne Krankheit.

Diese Liste ließe sich unendlich weiterführen. Jeder Mensch kann die körpereigenen Selbstheilungskräfte aktivieren. Die nachfolgend aufgeführten Methoden helfen dabei. Selbstverständlich muss man etwas Übung, Geduld, Zeit und Ruhe investieren, um diesen entspannenden Effekt auch zu spüren.

Die Fußreflexzonenmassage ist mittlerweile eine anerkannte Naturheilmethode, die schon seit mehreren tausend Jahren angewandt wird. Sie hat den Anspruch, die Selbstheilungskräfte des menschlichen Organismus zu stärken. Ungleichgewichte im Körper werden erkannt und reguliert. Da die Menschen früher öfter barfuß gingen, erfuhren sie quasi automatisch eine Art Fußreflexzonenmassage. Heute müssen wir etwas nachhelfen.

»Gott heilt, und der Arzt schreibt die Rechnung.«
(Mark Twain)

Fußreflexzonenmassage

Die Grabzeichnung eines altägyptischen Arztes belegt, dass die Fußreflexzonenmassage schon vor über 4000 Jahren praktiziert wurde. Sie spielt aber vor allem in der traditionellen chinesischen Heilkunde eine große Rolle.
Nach asiatischer Vorstellung ist der Körper des Menschen von Energiebahnen durchzogen, die vom Scheitel bis zur Sohle führen. Sie durchlaufen die 12 Meridiane, die in unmittelbarem Zusammenhang mit unseren Organen stehen. Die Energie des Körpers muss immer ohne Unterbrechung fließen können. Durch Verletzungen, Verspannungen, seelisches Ungleichgewicht oder durch Krankheiten kann es zu Unterbrechungen kommen. Es gilt also, den inneren Arzt (die Selbstheilungskräfte) regelmäßig zu aktivieren, um den ungehinderten Fluss der Lebensenergie zu gewährleisten.
Wenn man in der Naturheilkunde von den Selbstheilungskräften spricht oder mit ihnen arbeitet, bedient man sich der Elemente Licht, Luft, Wärme, Kälte, Wasser, Erde, Pflanzen, Bewegung, Ruhe und Energiezufuhr.
In der Fußreflexzonenmassage arbeitet man mit Bewegungsimpulsen, das heißt mit energetischer Stimulation. Auch der Mensch besteht aus reiner Energie, die fließen und sich selbst verwirklichen muss. Der komplexe Organismus des Menschen ist wie ein Schaltplan zu sehen, und wie in einem elektrischen Schaltplan darf es keine Unterbrechungen geben. Daher sollte man die Energiebahnen regelmäßig stimulieren, um einen reibungslosen Energiefluss in Gang zu halten.
Die Fußreflexzonenmassage eignet sich hervorragend zur Entspannung, zur Regeneration und zur Aktivierung der Selbstheilungskräfte. Ein bestimmter Zonenpunkt des Fußes wird gereizt. Diese Stimulation zeigt reflektorisch in einem zugeordneten Bereich des Körpers Wirkung. Dahinter steckt die Annahme, dass sich in den Füßen unsere Organe widerspiegeln. Dabei gilt folgende Zuordnung: Der rechte Fuß stellt die rechte Körperhälfte dar, der linke Fuß die linke. Organe der Körpermitte wie Wirbelsäule oder Blase werden auf der Innenseite der Füße repräsentiert. Nieren, Lungenflügel oder Eierstöcke, also Organe, die es paarweise gibt, sind somit auch auf beiden Füßen zu finden (siehe Abbildung nächste Seite).
Ein kleines Gedankenspiel: Sie kommen nach einem langen Arbeitstag am Abend nach Hause und ziehen Ihre Schuhe aus. Was glauben Sie, wie sich Ihre Füße fühlen? Sie müssen Sie den ganzen Tag auf den Beinen halten, sind meistens in Socken und manchmal in unbequemen, aber modernen Schuhen verpackt. Sie bekommen wenig Luft und können sich kaum bewegen. Auch beim Sport sind die Füße oft eingezwängt, da die Turnschuhe optimalen Halt bieten sollen. Beim Duschen bekommen die Füße nur das ablaufende Duschgel zu spüren. Sie werden

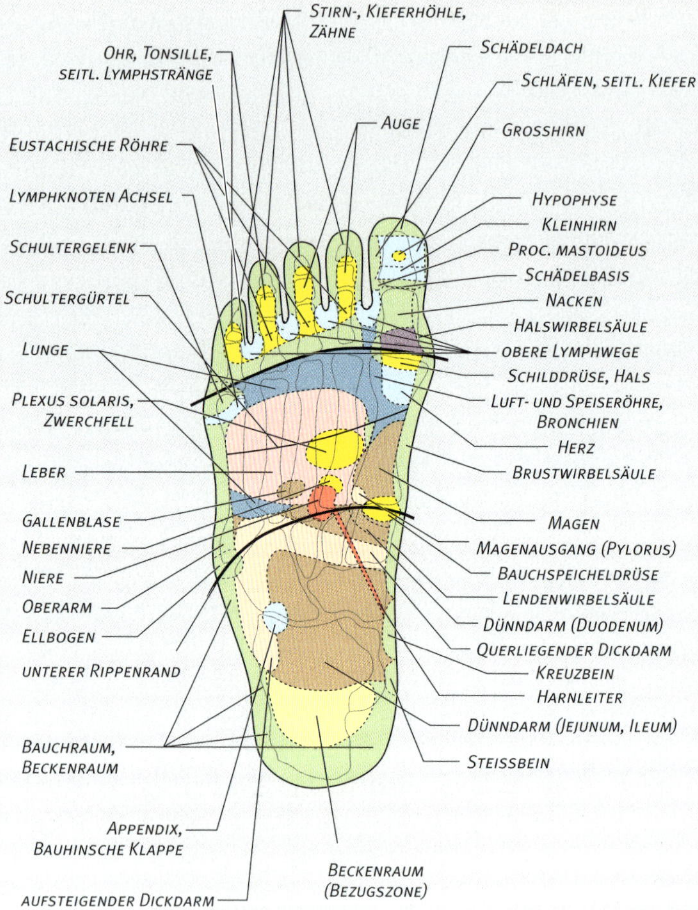

rechte Fußsohle

schnell und manchmal nicht vernünftig abgetrocknet. Anders als das Gesicht bekommen sie weder Pflegemittel noch Kosmetik noch Antifaltencreme. Dabei haben sie viel mehr Aufmerksamkeit verdient.

Nach dem Workout oder nur so, etwa abends bei ruhiger Musik, können Sie Ihren Füßen etwas Gutes tun.

Suchen Sie sich einen bequemen Platz am Boden. Achten Sie darauf, dass Sie

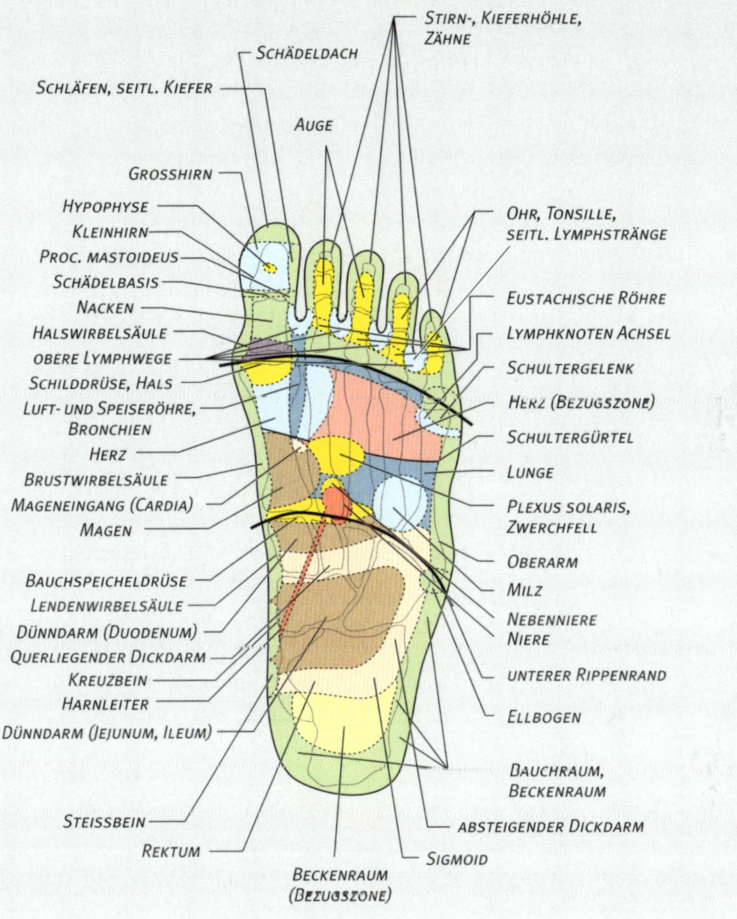

linke Fußsohle

nicht zu hart sitzen. Lassen Sie sich Zeit und arbeiten Sie langsam. Genießen Sie diesen Augenblick mit sich selbst. Führen Sie beim ersten Mal nur die im Folgenden beschriebene Kurzmassage aus.

Zur Gewöhnung

Strecken Sie Ihre Füße aus und legen Sie den linken Fuß auf Ihren rechten Oberschenkel. Fassen Sie mit der linken Hand Ihren linken Fußrücken und klopfen Sie mit der rechten Faust anfangs leicht, dann zunehmend fester Ihre gesamte Fußsohle. Tun Sie das Gleiche mit der Fußaußen- und der Fußinnenseite und zuletzt mit dem Fußrücken. Lassen Sie sich Zeit. Wenn Sie fertig sind, streichen Sie mit beiden Händen über Ihren Fußrücken und Ihre Fußsohle. Strecken Sie dann das linke Bein aus und spüren Sie in beide Füße hinein. Sie werden merken, dass der geklopfte Fuß sich viel lebendiger, frischer und entspannter anfühlt als der rechte Fuß. Wiederholen Sie die Übung mit dem rechten Fuß.

Wie wird massiert?

Nachdem Sie die Wohltat geklopfter Füße erlebt haben, können wir eine Stufe weiter gehen. Nehmen Sie die Ausgangsposition ein, indem Sie den linken Fuß wieder auf Ihren rechten Oberschenkel legen. Die Fußsohle zeigt leicht nach oben. Konzentrieren Sie sich auf die anstehende Fußmassage. Atmen Sie ruhig ein und aus. Schaffen Sie sich eine warme, gemütliche und ruhige Atmosphäre. Wenn Sie wollen, hören Sie ruhige Tai-Chi-Musik.
Nehmen Sie nun die Daumenkuppe Ihrer rechten Hand und fangen Sie an, vom Fußballen abwärts bis zur Ferse mit mittlerem Druck die Fußsohle zu massieren. Atmen Sie im Rhythmus der Daumenbewegungen. Lassen Sie sich ruhig 2 bis 3 Minuten Zeit.
Nach den Sohlen kommen nun die Zehen und Zehengelenke an die Reihe. Danach umfassen Sie den Fuß mit beiden Händen und walken ihn. Beginnen Sie bei den Ballen und arbeiten Sie sich bis zur Ferse vor. Danach umklammern Sie den Fuß mit Zeige- und Mittelfinger knapp oberhalb der Ferse wie mit einer Zange. Drücken Sie bei jedem Ausatmen. Konzentrieren Sie sich während der Massage auf Füße und Atmung.
Anschließend legen Sie den Daumen der rechten Hand auf die Zehenunterseite und die Finger auf die Zehenoberseite. Dehnen Sie die Zehen, indem Sie sie leicht nach unten ziehen. Halten Sie diese Position ca. 30 Sekunden. Atmen Sie ruhig und gleichmäßig weiter.
Am Ende setzen Sie noch einen beruhigenden Griff auf dem Sonnengeflechtspunkt an. Dieser Punkt wird auch Verjüngungspunkt, Solarplexus oder Plexus Solaris genannt. Sie finden ihn knapp unterhalb des Fußballens (siehe Abbildung Seite 102/103). Halten Sie ihn etwa 60 Sekunden mit mittlerem Daumendruck.
Streichen Sie zuletzt Ihren Fuß aus, strecken Sie ihn neben den anderen und fühlen Sie in Ihre Füße hinein. Spüren Sie den Unterschied? Spüren Sie das Prickeln in dem massierten Fuß? Fühlt er sich nicht angenehm entspannt und gleichzeitig erfrischt an? Und wie fühlt sich der andere an? Schwer, aufgedunsen, als würde er gar nicht zu Ihnen gehören? Dann ist es an der Zeit, ihn auf gleiche Weise zu massieren.

Ich wünsche Ihnen eine schöne entspannte Zeit. Ihre Füße werden es Ihnen danken!
Weil es den Rahmen dieses Buches sprengen würde, wird die Bedeutung der einzelnen Zonen nicht weiter ausgeführt. Sollten Sie mehr Interesse am Zonenkonzept und den genauen Lagepunkten haben, können Sie in der auf Seite 127 aufgeführten Spezialliteratur nachlesen.

Vorsicht bei Schmerzen

Wenn trotz mehrmaliger Massage an derselben Stelle immer wieder Druckschmerzen auftauchen, sollte unbedingt ein Arztbesuch Klärung schaffen. Es könnte eine organische Erkrankung vorliegen, die sich in Ihren Fußreflexzonen manifestiert.

Wichtig!

Bei folgenden Krankheitsbildern darf ohne vorherige Befragung des Arztes nicht massiert werden: Infektionen, Fieber, Krebs, Risikoschwangerschaft, Venen- oder Lymphentzündungen, Erkrankungen und Verletzungen an den Füßen oder wenn eine Operation ansteht.

Übrigens: Sie und Ihr Partner können sich die Füße auch gegenseitig massieren. Das macht Spaß und der Entspannungseffekt ist für den jeweils Massierten dabei noch größer.

Progressive Muskelrelaxation nach Jacobson

Bei dieser zweiten Entspannungsmethode handelt es sich um die wissenschaftlich anerkannte so genannte Progressive Muskelrelaxation. Der schwedische Arzt Edmund Jacobson fand heraus, dass starkes Anspannen und abruptes Lösen der Muskulatur eine besondere physische wie psychische Entspannung bewirken kann. Die physische Entspannung beruht darauf, dass sich kurzzeitig stark angespannte Muskeln in der Entspannungsphase über ihren Ausgangszustand hinaus lockern. Zwischen körperlichen und seelischen Spannungen besteht eine enge Beziehung und der Abbau der physischen Spannungen wirkt in positiver Weise auf den Seelenzustand.
Ein konkretes Beispiel möge diesen Zusammenhang verdeutlichen. Stellen Sie sich einen Boxer im Ring vor: Aufs Äußerste gespannt wartet er auf den entscheidenden Schlag. Adrenalin durchströmt den Körper. Nervosität, vielleicht auch Angst, veranlassen ihn, alle Sinne bis auf das Äußerste zu mobilisieren. Der ganze Körper ist angespannt. Auf der einen Seite steuert das Nervensystem die Grundspannung in unseren Muskeln (Muskeltonus), auf der anderen Seite steuern Hormone weitere Reaktionen (zum Beispiel Angst oder Nervosität).
Der Muskel besteht zum größten Teil aus Muskelfasern. Diese Fasern haben

die Aufgabe, eine gewisse Grundspannung (Tonus) zu halten. Werden jetzt aus irgendwelchen Gründen die Muskeln angespannt, so geschieht dies durch das Zusammenziehen der Muskelfasern. Zum Entspannen lösen sich die Muskelfasern wieder – die Grundspannung bleibt jedoch erhalten. Auch psychische Anstrengung kann der Auslöser für eine Anspannung der Muskeln sein: Bei Angst oder Nervosität wird automatisch der Befehl an unsere Muskelfasern gegeben, die Spannung zu erhöhen, um notfalls »den Kampf aufzunehmen« oder »die Flucht zu ergreifen«.

Beim Schlafen wird diese Grundspannung noch einmal abgesenkt. Da unser zentrales Nervensystem in unmittelbarem Zusammenhang mit unserer Muskulatur steht, verringern sich bei entspannter Muskulatur sowohl Herzschlag und Blutdruck als auch die Gehirnaktivität. Wenn wir es also schaffen, die Grundspannung in unserem Körper jederzeit, sozusagen auf Knopfdruck, zu verringern, können wir auch tagsüber von den positiven Effekten dieser Entspannung profitieren.

Körperliche wie auch geistige Entspannung setzt Ressourcen frei, die den Selbstheilungskräften zugute kommen. Voraussetzung ist, dass Sie regelmäßig üben und die entsprechenden Techniken verinnerlichen. Versuchen Sie, besonders am Anfang, mindestens jeden zweiten Tag zu üben, einige Minuten genügen. Suchen Sie sich einen Ort, an dem Sie sich wohl fühlen. Sie benötigen nichts weiter als eine Trainingsmatte oder eine andere weiche Unterlage, bequeme warme Kleidung und etwas Zeit.

Legen Sie sich mit dem Rücken bequem auf die Matte. Die Arme befinden sich seitlich des Körpers, die Handrücken auf dem Boden. Schließen Sie die Augen und konzentrieren Sie sich auf Ihre Atmung. Tief, gleichmäßig und ruhig streicht die Luft durch die Nase und füllt die Lunge bis in die untersten Regionen. Durch die Nase wieder ruhig ausatmen. Wenn Sie zu diesem Atemrhythmus gefunden haben, können wir mit der ersten Übung anfangen.

Spannen Sie Ihren rechten Fuß an, indem Sie die Zehen

Die Ausgangsposition ist eine bequeme Rückenlage.

anziehen und den Fuß zum Schienbein bewegen. Versuchen Sie die Ferse vom Boden zu heben und den Wadenmuskel anzuspannen. Halten Sie diese Spannung für ein paar Sekunden. Lösen Sie sie wieder und spüren Sie dem Gefühl in Ihren Füßen nach. Merken Sie einen Unterschied? Wenn nicht, dann wiederholen Sie diese Übung einige Male. Der Erfolg dieser Entspannungsübung hängt davon ab, ob Sie ein Gefühl für diesen Unterschied entwickeln. Machen Sie jetzt die gleiche Übung mit dem linken Fuß. Den wiederholten Wechsel von Spannung und Entspannung üben Sie anschließend mit der Oberschenkel-, Gesäß- und Armmuskulatur. Danach folgen Bauch-, Rücken-, Schulter-, Nacken- und die gesamte Gesichtsmuskulatur. Wenn Sie diese Grundübung absolviert und ein Gefühl für den Muskeltonus bekommen haben, können wir einen Schritt weitergehen: Spannen Sie 3 bis 5 Sekunden gleichzeitig und mit voller Kraft alle Muskeln einschließlich der Gesichtsmuskulatur an. Lassen Sie dann abrupt los und atmen Sie ruhig, gleichmäßig und tief weiter. Nach einer Minute wiederholen Sie diese Übung ein zweites Mal und nach einer weiteren Atempause ein drittes Mal. Nach diesem Wechsel von Anspannung und Entspannung sollte die Tiefenentspannung erreicht sein. Manchen Menschen gelingt dies auf Anhieb, manchen erst nach einiger Übung. Bleiben Sie danach noch 3 bis 5 Minuten am Boden liegen, um die Entspannung in Ihrem Körper wahrzunehmen und zu genießen.

Nach etwa vier Wochen werden Sie in der Lage sein, nach 4 bis 6 Minuten Übung eine deutliche Entspannung zu spüren. Nach wenigen Monaten – regelmäßiges Üben vorausgesetzt – wird Ihnen dies noch schneller gelingen.

Manche Menschen können einen tiefen Ruhezustand nur unter Anleitung erreichen. In diesem Fall empfiehlt sich ein Kurs in einem Fitness-Studio, bei der Volkshochschule oder in einer anderen Einrichtung. Ich wünsche Ihnen von ganzem Herzen, dass Sie diesen Entspannungszustand spüren mögen, der auch mir immer wieder neue Kraft und Energie im Alltag schenkt.

Nun werden gleichzeitig alle Muskeln angespannt.

Der Ablauf eines Tai-Bo-Workouts

Beispiel für Einsteiger

Mentale Einstimmung	3–5 Minuten	Lockerer, hüftbreiter Stand. Beim Einatmen werden die Hände dicht am Körper nach oben geführt. Die Fingerspitzen berühren sich, die Handflächen zeigen nach oben. Beim Ausatmen werden die Handflächen umgedreht und die Hände wieder nach unten geführt. Nach mehrmaliger Wiederholung werden beim Einatmen wechselseitig das linke und rechte Knie mit angehoben. Der Fuß ist flex.
Warm-up	8–12 Minuten	Parallelstand, leichte Tief-Hoch-Bewegung in den Oberschenkeln, dabei Schulterrollen. Immer größer werdende Bewegungen machen, bis die Arme ganz gestreckt sind. Lockeres Tänzeln auf der Stelle, lockere Kicks ohne Kraft, aber mit Spannung. Parallelstand, einseitiges Fußtappen, Arme beidseitig nach oben und wieder nach unten ziehen. Erst langsam ausführen, dann doppeltes Tempo. Andere Seite, tappen. Lockeres Tänzeln auf der Stelle. Wechselseitig die Knie anheben, mit Zwischenmarschieren. Parallelstand, lockere Tief-Hoch-Bewegung mit gleichzeitiger Erwärmung der Brust- und Schultermuskulatur. Hierzu die Arme mit den Ellbogen auf Schulterhöhe anheben und die Hände, immer im Rhythmus, mit Spannung vor- und zurücknehmen.

Vordehnen	2–4 Minuten	Dynamisches Stretchen: mit kleinen, geführten Bewegungen in die Dehnung hineingehen und wieder zurückführen. Informationen über das Vordehnen erhalten Sie auf Seite 34 f. Beenden Sie das Vordehnen erst dann, wenn Sie das Gefühl haben, sich genügend vorbereitet zu haben.
Workout	15–25 Minuten	Nehmen Sie die Grundhaltung ein, beginnen Sie mit abwechselnden Punches:
16 Punches langsam 16 Punches schnell		Schlagen Sie anfänglich nur auf jeden 1. Beat eines Taktes (1–2–3–4/5–6–7–8). Später verkürzen Sie die Zwischenpausen und schlagen auf den 1. und 3. Beat eines Taktes (1–2–3–4/5–6–7–8). Bei dieser Schlagweise arbeiten Sie immer kontrolliert, kraftvoll und sicher.
16 Kneekicks		Nun folgen Kneekicks mit Zwischenmarschieren (jeder Tritt erfolgt auf 1 und 5).
		Kurzes Auflockern, Tänzeln auf der Stelle und Lockern der Fäuste und Arme
16 Punches langsam 16 Punches schnell 16 Kneekicks		Wiederholen Sie die Übung ab dem Punch bis zum Kneekick.
		Trinkpause
32 Speedballs		Nach rechts gerichtet, auf 8 Beats. Dann nach links gerichtet, auf 8 Beats. Das Ganze 4-mal wiederholen.

16 Hooks langsam		Hooks in Parallelstellung, langsam, auf 1 und 5.
16 Hooks schnell		Hooks in Parallelstellung, schnell, auf 1–3–5–7.
16 Hooks langsam 16 Hooks schnell		Hooks wiederholen.
		Kurzes Auflockern durch Tänzeln am Platz.
		Trinkpause
16 Punches langsam 16 Punches schnell 16 Kneekicks 32 Speedballs 16 Hooks langsam		Wiederholen des gesamten Ablaufes vom Punch bis zum Hook.
16 Hooks schnell		Dann wieder Auflockern durch Tänzeln auf der Stelle.
		Eventuell Trinkpause
16 Frontkicks		Frontkicks mit Zwischenmarschieren, auf 1 – 5.
16 Frontkicks		Kurz lockern, Frontkicks wiederholen, auf 1 – 5.
16 Jabs und Punches rechts		Kampfstellung (rechtes Bein vorne), abwechselnd Jab (vordere Faust) und Punch (hintere Faust), auf 1 – 5.
16 Jabs und Punches links		Seitenwechsel der Kampfstellung, die Techniken wiederholen. Wiederholen der Techniken auf beiden Seiten, jetzt die Schläge auf 1–3–5–7 verkürzen.
		Letzteres 2-mal wiederholen.

Je 16 Jabs und Punches rechts und links 2-mal je 16 Jabs und Punches rechts und links		
		Trinkpause
16 Frontkicks		Frontkicks mit Zwischenmarschieren, auf 1–5.
		Kurzes Auflockern durch Tänzeln auf der Stelle oder durch Tackeln am Platz, 32 Beats lang.
Punches Kneekicks Speedballs Hooks Frontkicks Jabs und Punches Tackeln		Nun können Sie alle Techniken einzeln noch einmal wiederholen oder die gesamte Abfolge flüssig hintereinander trainieren. Wiederholen Sie sooft, wie ihre Kondition es zulässt bzw. solange es Ihnen gut tut.
Cool-down	2–4 Minuten	Langsam weitermarschieren, tief atmen, bis der Puls auf ca. 110–120 Schläge pro Minute absinkt.
Stretching: Rücken, Brust, Arme, Hände, Beine, Hals, Nacken	Mindestens 10 Minuten	Dehnen Sie die beanspruchten Muskeln möglichst statisch (siehe Seite 96 ff.)
Entspannung	5–10 Minuten	Gönnen Sie sich abschließend eine Reflexzonenmassage oder entspannen Sie sich nach der Progressiven Relaxation.

Beispiel für Fortgeschrittene

Mentale Einstimmung	2–4 Minuten	Folgen Sie der Anleitung auf Seite 26 ff. Achten Sie besonders auf Ihre Atmung und auf langsame, der Atmung angepasste Bewegungen.
Warm-up	8–12 Minuten	Warum ändern, was gut tut? Folgen Sie den Anweisungen vom Beispiel für Einsteiger (siehe Seite 108). Beenden Sie das Warm-up mit simuliertem Rope Skipping (also ohne Seil) und Tackeln.
Vordehnen	2–4 Minuten	Beherzigen Sie die Anweisungen im vorangegangenen Beispiel für Einsteiger (siehe Seite 109).
Workout	30–50 Minuten	Nehmen Sie die Kampfstellung ein (rechter Fuß vorne). 8 Jabs, 8 Punches Kampfstellung links 8 Jabs, 8 Punches Die Techniken mehrmals wiederholen. 16 Frontkicks mit Zwischenmarschieren 8 Elbow-turns 8 Elbow-ups je 8 Roundhousekicks, wechselseitig rechts und links je 8 Handflächeninnenblöcke, wechselseitig 16 Uppercuts, wechselseitig 4 Außenarmblöcke mit Punches Lockern Trinkpause

		Erste Schlagkombination (siehe Seite 80 f.) Gesamte Übung wiederholen Zweite Schlagkombination (siehe Seite 82 f.) Lockern Trinkpause 16 Double-elbow-back 8–16 Beats Tackeln Gesamte Übungen wiederholen, bis einschließlich erste Schlagkombination. Tackeln, dann zweite Schlagkombination. Je 8 Sidekicks, abwechselnd zur rechten und zur linken Seite. Lockern Trinkpause Alle Übungen wiederholen, bis einschließlich erste Schlagkombination. Tackeln, dann zweite Schlagkombination. Je 8 Sidekicks, abwechselnd zur rechten und zur linken Seite. Einzelne Techniken wiederholen, solange Sie sich wohl fühlen und Lust haben, weiterzumachen.
Cool-down	2–4 Minuten	Locker weiterbewegen, dabei tief und kontrolliert atmen, bis der Puls ca. 110–120 Schläge pro Minute erreicht hat.
Stretching	Mindestens 10 Minuten	Folgen Sie den Anweisungen auf Seite 96 ff.
Entspannung	5–15 Minuten	Fußreflexzonenmassage und/oder Progressive Muskelrelaxation

Variationsmöglichkeiten

Eine Übungsstunde wird nach folgendem Schema abgehalten: Warm-up – Belastungsintervall und Erholungsintervall in mehrmaligem Wechsel – Cool-down

Intervalltraining

Intervalltraining bedeutet, dass Dauer, Umfang, Intensität und Pausenlänge in einer Trainingseinheit variiert werden. Nach einer bestimmten Belastungsdauer (zum Beispiel 2 Minuten anaerob) folgt eine aktive Erholung (maximal 1,5 Minuten aerob). Bevor eine vollständige Erholung eintritt (Puls soll je nach

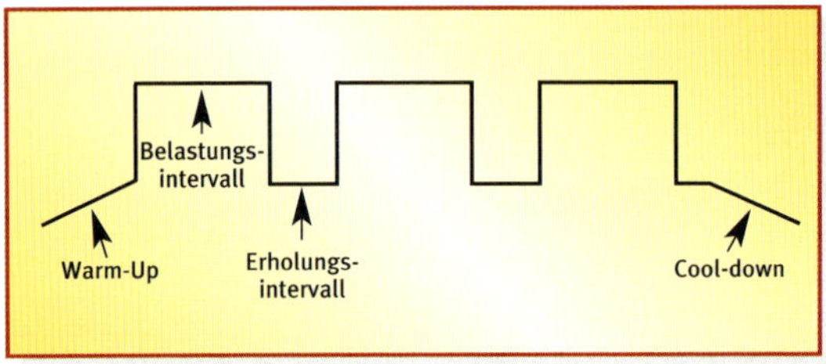

Die Begriffe aerob und anaerob beziehen auf die Energiebereitstellung.
Beim aeroben Training kann die körperliche Leistung über eine lange Zeit aufrechterhalten werden, da die Energiebereitstellung über den Sauerstoff erfolgt, die immer über den Blutkreislauf gewährleistet wird. Typische Sportarten sind Langstreckenlauf, Radfahren und Schwimmen.
Beim aneroben Training kann die körperliche Leistung nur kurze Zeit aufrechterhalten werden, da die Energiebereitstellung ohne Sauerstoff erfolgt. Die Energiedepots der Muskeln (Glykogenvorräte) werden rasch verbraucht. Typische Sportarten sind 100-Meter-Sprint, Weitsprung und Bodybuilding.

Beispiel für ein Intervalltraining

Warm-up	5–12 Minuten	Nach Belieben
Normales Workout	15 Minuten	Verschiedene Techniken
Intervalltraining	Insg. 10 Minuten	Die Intervalle im Einzelnen:
1. Intervall	1 Minute	Jogging mit Sprungseil
1. Erholungsintervall	1,5 Minuten	Langsames Abtauchen
2. Intervall	1 Minute	Forward Straddle
2. Erholungsintervall	1,5 Minuten	Langsame Punches
3. Intervall	1 Minute	Side Straddle
3. Erholungsintervall	1,5 Minuten	Abtauchen plus Kneekick
4. Intervall	1 Minute	Abwechselnd 8-mal Forward Straddle und 8-mal Side Straddle
4. Erholungsintervall	1,5 Minuten	Abwechselnd langsames Abtauchen und langsame Punches
Cool-down	3–5 Minuten	Locker bewegen, im Kreis gehen, ruhig atmen
Stretching	10–20 Minuten	Dehnen der Hauptmuskelgruppen
Entspannung	5–15 Minuten	Reflexzonenmassage, Progressive Muskelrelaxation

Trainingskonstitution nicht unter 120 bis 130 Schläge pro Minute abfallen), beginnt erneut eine aerobe Phase. Durch das Training wird der Kohlenhydratstoffwechsel verbessert, was gerade den Leuten zugute kommt, die beim Sport abnehmen möchten. Es verbessert sich das gesamte Leistungsniveau im aeroben und anaeroben Trainingsbereich.

Zirkeltraining

Das Zirkeltraining kennen Sie bestimmt noch aus Ihrer Schulzeit. Mehrere Übungsstationen werden aufgebaut, an denen dann in einem bestimmten Zeitraum (in der Regel 30 bis 60 Sekunden pro Station) die unterschiedlichsten Übungen gemacht werden. Auf Kommando wird die Station, in Verbindung mit einer kurzen Pause, gewechselt. Nach Beendigung einer Übungsrunde gibt es eine größere Pause (ca. 1 bis 2 Minuten). Danach folgen weitere Runden. Diese Form des Trainings begünstigt die Entwicklung und Verbesserung von Kraft, Ausdauer, Koordination, Beweglichkeit und Schnelligkeit. Darüber hinaus können die unterschiedlichen Übungsstationen auch dem Techniktraining und der Technikvertiefung dienen. Dies lässt sich im Einzeltraining wie auch im Partner oder Gruppentraining nutzen.

Wir haben uns im folgenden Beispiel auf 5 Stationen beschränkt. Sie können natürlich auch mehre einplanen. Nach jeder Runde machen Sie 1 bis 2 Minuten Lockerungsübungen.

Beispiel für ein Zirkeltraining

Warm-up	5–12 Minuten	Nach Belieben
Zirkeltraining	6–7 Minuten	Die 5 Stationen im Einzelnen:
Station 1	60 Sekunden, 15 Sekunden Stationswechsel	Harte Punches
Station 2	60 Sekunden, 15 Sekunden Stationswechsel	Rope Skipping
Station 3	60 Sekunden, 15 Sekunden Stationswechsel	Abtauchen
Station 4	60 Sekunden, 15 Sekunden Stationswechsel	Tackeln auf der Stelle
Station 5	60 Sekunden, 15 Sekunden	Uppercuts
Cool-down	3–5 Minuten	Locker bewegen, im Kreis gehen, ruhig atmen
Stretching	10–20 Minuten	Dehnen der Hauptmuskelgruppen
Entspannung	5–15 Minuten	Fußreflexzonenmassage oder Progressive Muskelrelaxation

Ernährung

Auf dem Wochenmarkt können Sie frische, wertvolle Zutaten für einen gesunden Speiseplan kaufen.

Natürlich spielt beim erfolgsorientierten Training auch die Ernährung eine wesentliche Rolle. Sport fördert den Hunger, was ganz normal ist, denn nach dem erhöhten Verbrauch an Kohlenhydraten, Mineralien und Proteinen fordert der Körper diese Stoffe wieder ein. Dabei ist auf eine richtig dosierte Zuführung zu achten. Die wichtigsten Energielieferanten sind Kohlenhydrate, Fette und Eiweiße (Proteine). Der Körper muss, um leistungsfähig zu bleiben, immer ausreichend mit diesen Grundnährstoffen versorgt sein.

Kohlenhydrate liefern den Treibstoff für unseren Körper. Eiweiße sind die Grundbausteine für den Aufbau von Körperzellen.

Fett ist ein Energielieferant und -speicher zugleich. Es schützt den Körper vor Kälte und transportiert die fettlöslichen Vitamine.

Täglicher Energiebedarf

Der tägliche Energiebedarf setzt sich aus dem Grundumsatz, dem Arbeitsumsatz und der Wärmeproduktion zusammen. Da Letzteres bei unserer Berechnung keine große Rolle spielt, bleibt die Wärmeproduktion hier unbeachtet. Der Grundumsatz umfasst die Menge an Kalorien, die der Mensch benötigt, um lebenswichtige Körperfunktionen aufrechtzuerhalten. Alter, Gewicht, Größe, Geschlecht und Anteil des Fettgewebes spielen bei der Berechnung eine wichtige Rolle. Dieser Grundumsatz liegt bei Frauen zwischen 1150 und 1450 Kilokalorien pro Tag und bei Männern zwischen 1400 und 1800 Kilokalorien pro Tag. Der Arbeitsumsatz bezeichnet die Kalorienmenge, die bei jeglicher Betätigung des Körpers verbraucht wird. Er ist von den Lebensgewohnheiten des einzelnen Menschen abhängig: Welchen Beruf man ausübt, ob und welchen Sport man betreibt etc.

Kalorienverbrauch bei überwiegend sitzender Tätigkeit
Frauen zwischen 25 und 50 Jahren benötigen ca. 1900 kcal/Tag.
Männer zwischen 25 und 50 Jahren benötigen ca. 2400 kcal/Tag.

Kalorienverbrauch bei überwiegend gehender und stehender Tätigkeit
Frauen zwischen 25 und 50 Jahren benötigen ca. 2400 kcal/Tag.
Männer zwischen 25 und 50 Jahren benötigen ca. 3100 kcal/Tag.

Kalorienverbrauch von Sportlern und körperlich schwer arbeitenden Menschen
Bei Frauen können zu den zuletzt genannten Werten noch einmal ca. 350 kcal/Tag, bei Männern ca. 500 kcal/Tag dazugerechnet werden.

Das optimale Körpergewicht

Viele Menschen weisen zu viele Pfunde auf der Waage auf, manche auch zu wenig. Eine der derzeit gebräuchlichsten Formeln zur Berechnung von Unter-, Ideal- und Übergewicht ist der Body-Mass-Index (BMI):

$$\text{BMI} = \frac{\text{Körpergewicht (in kg)}}{(\text{Körpergröße in m})^2}$$

Ein Rechenbeispiel: Eine Frau wiegt 65 Kilogramm und ist 1,70 Meter groß.

$$\text{BMI} = \frac{65}{1{,}70^2} = 22{,}5$$

Ein Blick auf die unten stehende Tabelle zeigt uns, dass ihr Gewicht im Normalbereich liegt.

	BMI Männer	BMI Frauen
Untergewicht	unter 20	unter 19
Normalgewicht	20–25	19–24
Übergewicht	25–30	24–30
Fettsucht	30–40	30–40
Extreme Fettsucht	über 40	über 40

Bei leichtem Unter- oder Übergewicht zählen nicht nur bloße Zahlenwerte, sondern auch das persönliche Körpergefühl. Wichtig ist, dass man sich in seiner Haut wohl fühlt – unabhängig von einigen Pfunden zu viel oder zu wenig.

Übergewicht hat nicht immer etwas mit übermäßigem Essen zu tun, sondern kann auch angeboren sein. Der Körperbau spielt bei der Beurteilung des Gewichts ebenfalls eine Rolle.

Eine ausgewogene Ernährung

➤ **Kohlenhydrate**
(Nudeln, Brot, Reis, Hülsenfrüchte, Getreide, Kartoffeln, Obst und Gemüse) sollten zwischen 50 und 60 Prozent der Tageskalorien ausmachen. Auch Ballaststoffe bilden einen Teil der Kohlenhydrate. Sie sind hauptsächlich in Vollkornprodukten enthalten und sorgen für eine gesunde Verdauung.

➤ **Fett**
sollte höchstens mit 30 Prozent bei der täglichen Kalorienzufuhr zu Buche schlagen, wobei ungesättigten Fettsäuren der Vorzug zu geben ist. Gesättigte Fettsäuren kommen hauptsächlich in tierischen Produkten (Fleisch, Eier, Milch, Käse, Butter etc.) vor. Sie sind für einen erhöhten Cholesterinspiegel verantwortlich und deshalb mit Vorsicht zu genießen.
Einfach ungesättigte Fettsäuren befinden sich vornehmlich in Oliven-, Raps- und Erdnussöl, außerdem in Geflügel, Erdnüssen und Avocados. Sie drosseln das Cholesterin und senken dadurch das Risiko eines Herzinfarktes.

Mehrfach ungesättigte Fettsäuren sind unter anderem in Sonnenblumen-, Distel- und Walnussöl enthalten sowie in Nüssen, verschiedenen Samen und Seefischen. Sie senken den Cholesterinspiegel und erweitern die Arterien, normalisieren den Blutdruck und wirken somit ebenfalls dem Herzinfarkt entgegen.

Frisches Obst und Gemüse sind reich an Vitaminen und Mineralstoffen.

➤ **Eiweiß (Protein)**
sollte ca. 10 Prozent des Tagesumsatzes ausmachen (zwei Drittel pflanzliches und ein Drittel tierisches Eiweiß). Pflanzliches Eiweiß ist enthalten in: Reis, Haferflocken, Vollkornbrot, Kartoffeln etc. Tierisches Eiweiß ist enthalten in: Fisch, Fleisch, Käse, Milch und Eiern.

Es ist jedoch nicht nur wichtig, wie viel eine Frau oder ein Mann an einem Tag isst, sondern auch wie oft und in welchen Portionen das geschieht: Mehrere kleine, über den Tag verteilte Mahlzeiten werden vom Körper besser verarbeitet und genutzt als wenige, üppige Mahlzeiten.

Sport und Ernährung

Trinken ist wichtig: Nach dem Training oder Wettkampfsport müssen dem Körper wieder die verbrauchten Mineralstoffe zugeführt werden.

In Bezug auf Tai-Bo heißt dies nun für Sie: Für den Ausdaueranteil im Workout müssen Sie ausreichend mit Kohlenhydraten (Brennstoff) versorgt sein, um genügend Power zu haben und nicht frühzeitig schlappzumachen. Bei einem Tai-Bo-Workout verbrennen Sie schließlich viele Kilokalorien.

Weiterhin werden beim Training gerade Muskelproteine besonders gerne verbrannt, was zur Folge hat, dass das Fett nicht nur an den ungeliebten Stellen schwindet, sondern dass auch die Muskulatur leidet. Deswegen sollte darauf geachtet werden, dass nach dem Training Eiweiß in ausreichender Menge zugeführt wird. Hier bieten sich besondere eiweißreiche Energiedrinks an. Nehmen Sie das Eiweiß am besten ca. 30 Minuten nach dem Training zu sich.
Mineralstoffe und Vitamine werden beim Sport ebenfalls in erhöhtem Maße verbraucht. Mangelerscheinungen machen sich oft in Form von Muskelkrämpfen bemerkbar. Nehmen Sie in diesem Fall Magnesium zu sich. Brechende Fingernägel und stumpfe Haare sind meist ein Indiz für Kalziummangel. Auch hier ist bei regelmäßigem Sport auf eine ausreichende Zufuhr zu achten.

Das Trinken

Eine besonders wichtige Rolle spielt beim Ausdauersport die richtige und rechtzeitige Zufuhr von Flüssigkeit. Ausreichendes Trinken verhindert vorzeitige Ermüdung und Leistungsabfall. Der Körper verbraucht während einer Tai-Bo-Trainingseinheit ca. 2 Liter Flüssigkeit. Mit ihr werden wichtige Mineralien ausgeschwemmt. Da der Körper immer nur kleine Mengen Flüssigkeit verarbeiten kann, muss dieser Flüssigkeitsverlust vor, während (alle 10 Minuten ca. 100 Milliliter) und nach dem Training

ausgeglichen werden. Empfehlenswert sind Elektrolytgetränke, die viele wichtige Inhaltsstoffe enthalten.
Grundsätzlich ist aber immer noch Mineralwasser das Getränk Nummer 1 als Durstlöscher. Sportler nehmen Wasser vor, während und nach dem Training oder Wettkampf zu sich. Mineralwasser sollten Sie anhand der Inhaltsstoffe aussuchen, die in der Analysetabelle ausgewiesen werden. Mineralwasser sollte magnesiumreich sein, dafür aber natriumarm. Achten Sie auf genügend Flüssigkeitszufuhr, die über den ganzen Tag verteilt werden sollte. Oftmals fühlt man sich besonders am Abend schlapp und matt, die Konzentrationsfähigkeit lässt nach. Dies kann ein Zeichen sein, dass Sie zu wenig getrunken haben. Neben Mineralwasser sind die allseits beliebte Apfelschorle, aber auch Kräutertees, Gemüsesäfte, andere Fruchtschorlen oder frisch gepresste Säfte ideale Durstlöscher.
Also trinken Sie genügend und variieren Sie ihre Getränkeauswahl. Einem weiteren Getränk, dem grünen Tee, werden besondere Eigenschaften zugesprochen. Mit über 300 nachgewiesenen Inhaltsstoffen, gehört er zu den »Powerdrinks«. Grüner Tee verdrängt den Heißhunger nach Süßigkeiten, er wirkt belebend, entschlackend und soll auch das Abnehmen besonders unterstützen.
Grüner Tee lässt sich gut zubereiten und Sie können ihn dann über den Tag verteilt genießen. Dies ersetzt manchmal den schnellen Griff nach Schokolade.

Richtig trinken:

- Achten Sie beim Einkaufen auf die saisonal bedingten Obstangebote.
- Suchen Sie das Mineralwasser anhand der Inhaltsstoffe aus.
- Variieren Sie Ihre Getränke, probieren Sie Mixgetränke.
- Trinken Sie grünen Tee, mischen Sie ihn auch mit Fruchtsäften.
- Bereiten Sie einen Tagesbedarf von 1 bis 2 Litern vor, sodass Sie jederzeit etwas zum Trinken haben.
- Trinken Sie über den Tag verteilt ca. 1,5 bis 2,5 Liter Flüssigkeit (Kaffee zählt nicht dazu!).
- Trinken Sie besonnen in kleinen Schlucken, nicht zu große Mengen auf einmal.
- Achten Sie darauf, dass die Getränke nicht zu kalt sind.

Sport und Diät

Dies ist eine Kombination, von der ich jedem nur abraten kann. Wie oft habe ich in meinen Tai-Bo-Stunden schon miterleben müssen, wie Teilnehmer, die den ganzen Tag fast nichts gegessen hatten, sich durch die Stunde gequält haben oder sogar die Stunde abbrechen mussten, weil sie keine Energie und Kraft mehr hatten.
Bei einer Diät reduzieren Sie die Aufnahme an Kalorien und erwarten, dass die

überschüssigen Fettreserven aufgebraucht werden, um somit wieder rank und schlank zu werden. Wenn dies so wäre, könnte man mit einer Nulldiät in kürzester Zeit ja sein Traumgewicht erreichen. Man bräuchte sich danach nie wieder Sorgen um die Figur zu machen. In der Realität tritt dann aber der »Jojo-Effekt« ein, das heißt, der Mensch setzt, nachdem er eine Diät eingehalten hat, doppelt so schnell an.
Sport ist die gesündeste Art, Fett zu reduzieren und Körper und Geist in Form zu bringen. Sie werden automatisch mit der Zeit merken, wie sich Ihr Körper positiv verändert, auch wenn sich nicht unbedingt gleich das Körpergewicht verringert, denn Muskulatur ist schwerer als Fett. Sporteinsteiger merken schon nach einigen Wochen regelmäßigen Trainings, wie ihr Körper straffer und geformter wird. Der Hosenknopf geht wieder locker zu und die Haltung wird aufrechter. Viele können wieder besser atmen und das Treppensteigen nach dem Einkaufen fällt auch nicht mehr so schwer.

Ernährungstipps

- Stellen Sie Ihre Ernährung langfristig um auf vitalstoffreiche, leichte und fettarme Kost.
- Versuchen Sie Ihren Tagesbedarf auf fünf Mahlzeiten zu verteilen.
- Starten Sie Ihren Tag mit einem guten, ausgewogenen Frühstück.
- Obst, Gemüse oder ein Müsliriegel als kleine Zwischenmahlzeiten sind nahrhafter als Süßigkeiten.
- Würzen statt salzen: Verwenden Sie Salz nur sparsam und bevorzugen Sie Kräuter.
- Vermeiden Sie fette Soßen.
- Milchprodukte und Fisch nicht vergessen.
- Bevorzugen Sie Früchte aus der Region. Sie sind meist wertvoller und frischer als die aus Übersee.
- Essen Sie langsam, der Körper benötigt etwa 20 Minuten, bis das Sättigungsgefühl einsetzt.
- Trinken Sie reichlich.
- Vermeiden Sie Zucker, Fett, Fertiggerichte und übermäßigen Alkoholgenuss.
- Haben Sie Freude beim Essen und nehmen Sie sich genügend Zeit hierfür.

Denken Sie daran: Sport und Ernährung im Zusammenspiel bilden die Grundlage für körperliches und geistiges Wohlbefinden.

Die richtige Fausthaltung

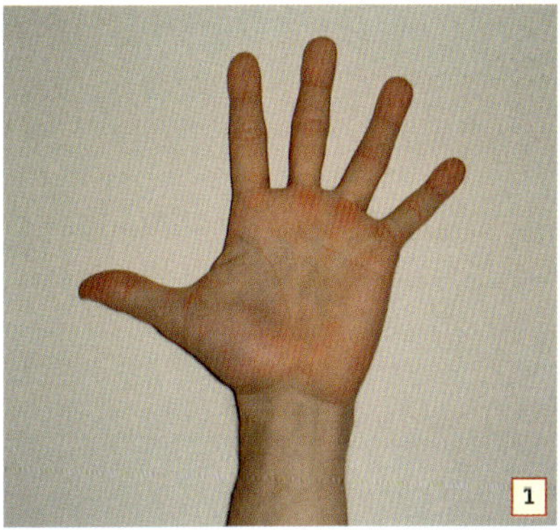

Strecken Sie Ihre Hand aus.

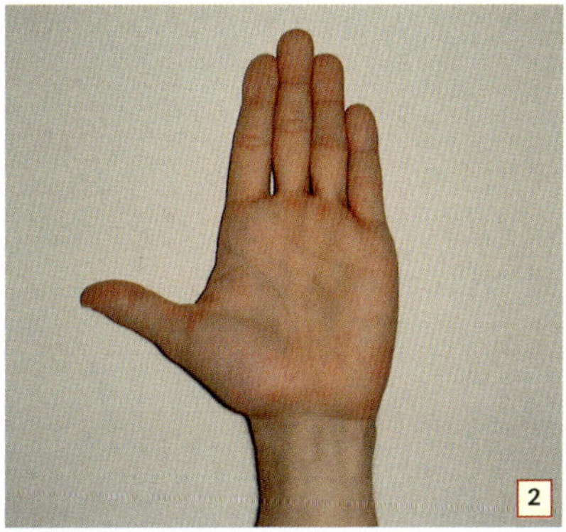

Schließen Sie Ihre Hand, indem Sie die Finger zusammennehmen.

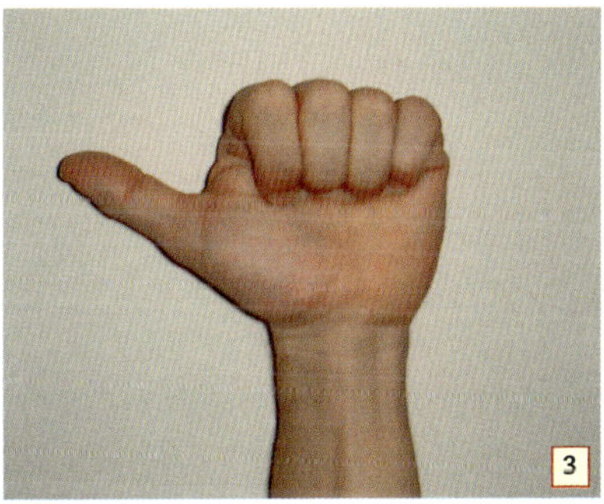

Rollen Sie Ihre Finger ein. Denken Sie sich, Sie würden eine Packung Taschentücher umfassen; das heißt, Sie lassen die Finger relativ locker.

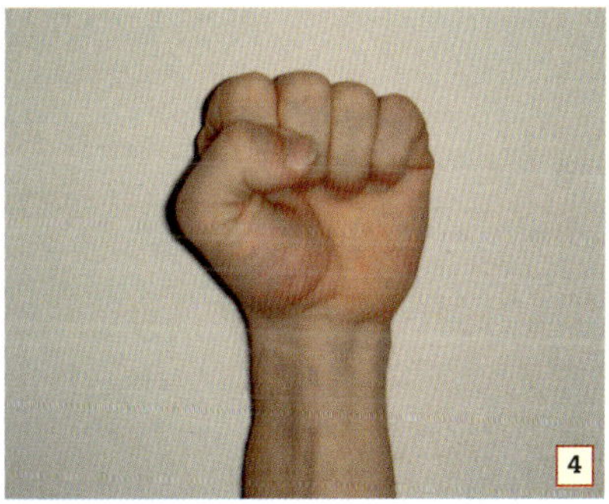

Verschließen Sie nun die Faust seitlich am zweiten Glied des Mittelfingers mit dem Daumen.

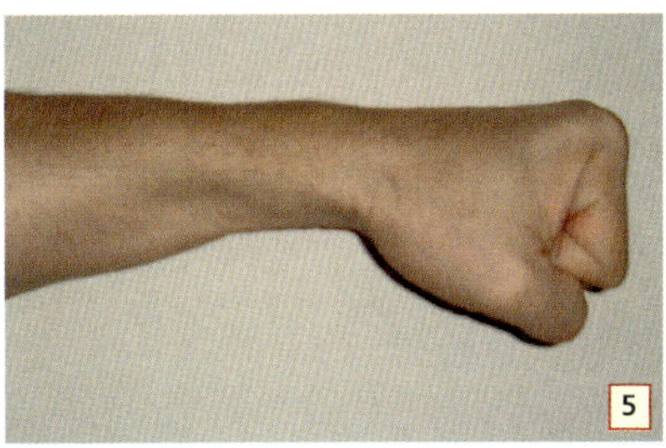

Der Handrücken und der Unterarm bilden eine Linie. Beim Pratzentraining verhindern Sie somit das Umknicken des Handgelenks. Spannen Sie beim Schlagen kurz vor dem Auftreffen die Faust und die Armmuskulatur fest an.

Die Schlagpratze

Um die richtigen Schläge und Tritte im Tai-Bo zu trainieren und zu automatisieren, können wir uns der Schlagpratze bedienen. Hier spürt der Übende bei jedem Schlag, ob er mit der richtigen Stelle seiner Fäuste, seiner Ellbogen oder seiner Beine die Pratze trifft. Die Pratze bietet außerdem die Möglichkeit, die Kraft und Wucht des Schlages oder Trittes zu spüren. Durch den entgegengehaltenen Widerstand wird auch dem Überstrecken der Arme und Beine entgegengewirkt.
Im Kampfsport werden Partner- und Reaktionsübungen sowie Schlagkombinationen eingeübt. Im Tai-Bo können sie genauso eingesetzt werden.

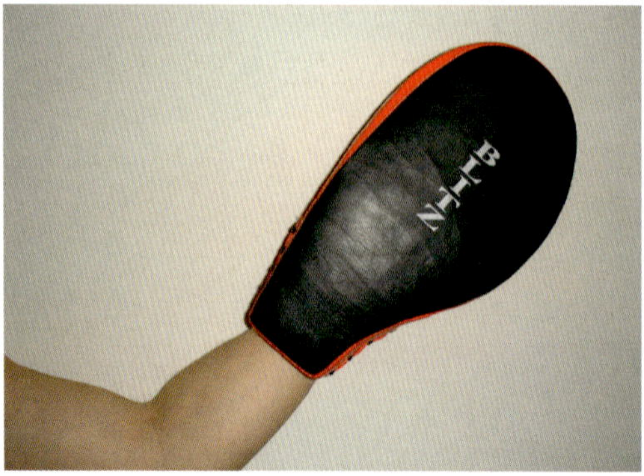

Eine herkömmliche Schlagpratze.

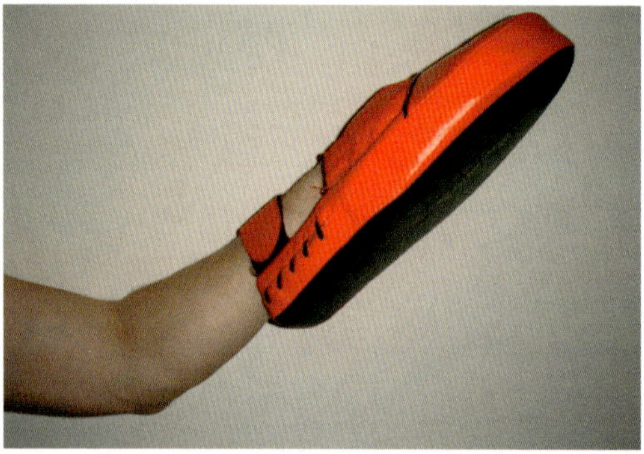

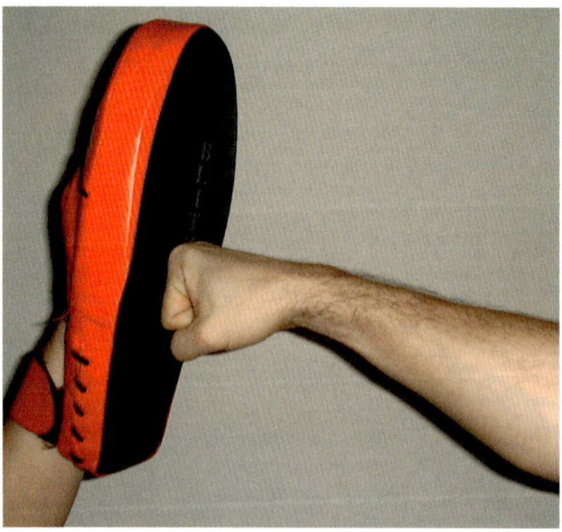

Schlagpratze mit auftreffender Faust. Achten Sie darauf, dass Sie mit geradem Handgelenk schlagen. Trefferfläche sind die Knöchel von Zeige- und Mittelfinger.

Weitere Schlag- und Tritt-kombinationen für Fortgeschrittene

Nach einiger Zeit intensiver Übung werden Sie in der Lage sein, anhand einfacher Beschreibungen, komplexe Schlagvariationen zu verstehen und umzusetzen. Hier werden noch einige Beispiele aufgeführt. In Klammern stehen die Taktschläge, zu denen die Techniken ausgeführt werden.

1. Kampfstellung, das rechte Bein steht vorne:

- Abtauchen (1+2)
- Jab rechts (3)
- Hook rechts (4)
- Punch links (5)
- Hook rechts (6)
- Abtauchen (7+8)

- Das hintere Bein heranziehen (1+2)
- Roundhousekick rechts (3+4)
- Abtauchen (5+6)
- Sprungwechsel mit linkem Bein nach vorne (7+8)

Die gleiche Kombination auf der linken Seite ausführen. Sie können auch das Tempo variieren, das heißt die Kombination sowohl langsam als auch schnell üben.

2. Parallelstellung:

- Außenarmblock nach rechts (1+2)
- Punch mit links (3+4)
- Das linke Bein heranziehen und Frontkick mit rechts, zurück zur Parallelstellung (5–8)

- Ellbogendrehschlag rechts und links (1–4)
- Punch rechts und links (5–8)

- Außenarmblock nach links (1+2)
- Punch mit rechts (3+4)
- Das rechte Bein heranziehen und Frontkick mit links, zurück zur Parallelstellung (5–8)

- Ellbogendrehschlag links und rechts (1–4)
- Punch links und rechts (5–8)

3. Kampfstellung, das rechte Bein steht vorne:

- Jab rechts (1+2)
- Punch links (3+4)
- Jab rechts (5+6)
- Punch links (7+8)
- Hook rechts (1+2)
- Backkick links (3+4)
- Abtauchen (5+6)
- Sprungwechsel mit dem linken Bein nach vorne (7+8)

Die gleiche Kombination auf der linken Seite ausführen.

4. Parallelstellung:

- Ellbogenaufwärtsschlag rechts und links (1–4)
- Uppercut rechts und links (5–8)
- Sidekick nach rechts (1–4)
- Sidekick nach links (5–8)

Die gleiche Kombination mit links beginnen.

5. Parallelstellung:

- Lowblock rechts vor mit einem Punch links (1–4)
- Lowblock links vor mit einem Punch rechts (5–8)
- Frontkick rechts (1–4)
- Backkick links (5–8)

Die gleiche Kombination mit links beginnen.

Wer möchte, kann sich selbst weitere Schlag- und Trittkombinationen zusammenstellen. Machen Sie sich am besten vor dem Workout Gedanken, welche Techniken Sie ausführen wollen. Schreiben Sie sich doch einen kleinen Ablaufplan, auf den Sie zwischendurch blicken können. Denken Sie am Ende des Trainings immer an das Cool-down und die Entspannung, damit der Körper schnell wieder regenerieren kann.

Literatur

Burger, Doris:
Fitness statt Diät.,
BLV Verlag

Cohen, Kenneth:
QIGONG,
Krüger Verlag

Delavier, Frederic:
Muskel-Guide,
BLV Verlag

Ellwanger, Ulf und Siegfried:
Boxen, Pietsch Verlag

Hennig, Marita:
Autogenes Training,
Midena guide

Herpel, Mirelle Dorit:
Rope Skipping,
BLV Verlag

Johnen, Wilhelm:
Muskelentspannung nach Jacobson,
GU Verlag

Kobayashi, Toyo und Petra:
TÁI CHI CHUAN,
Irisiana Verlag

Kyong Myong Lee:
Richtig Taekwondo,
BLV Verlag

Markworth, Peter:
Sportmedizin,
rororo

Wagner, Dr. Franz:
Reflexzonen Massage,
GU Verlag

Bildnachweis

Alle Fotos Susanne Kracke
bis auf S. 15 Ulli Seer, S. 8 und 12 jump,
S. 17 IFA Bilderteam, S. 116 Zefa,
S. 118 und 119 Stock Food, S. 123 und 124
Frank Hartwich

Grafik auf Seite 102/103: Jörg Mair

Adressen

Informationen zur Trainerausbildung
erhalten Sie bei:

Robbi Dienersberger
Tel.: +49 89 311 90 777
Fax: +49 89 311 90 776
email: Aerobbi@t-online.de

Tai-Bo-Musik:
MoveYa! Aerobic Music
Tel.: +49 40 210 09 70

Workout & Relax

BLV Sportpraxis Top
Wolfgang Mießner
Richtig Aerobic
Der Kompaktkurs für 1,4 Millionen Aerobic-Aktive: Trainingseinheiten, Bewegungen, Schrittkombinationen, Musik.

BLV Sportpraxis Top
Hans H. Rhyner
Richtig Yoga
72 meditative und kurative Asanas, Lebenskraft durch Pranayama, Yoga-Atmung, Yoga-Diät, Yoga-Hygiene, alle Übungen auf einen Blick, Yoga-Therapie.

blv fitness
Wolfgang Mießner
Fatburner
Fettverbrennung durch Ausdauertraining, die geeigneten Sportarten von Aerobic bis Walken, Trainings- und Ernährungstipps.

blv fitness
Robbi Dienersberger
Tai-Bo für Könner
Neue Techniken und Bewegungsabläufe für Könner, Atem- und Entspannungsübungen.

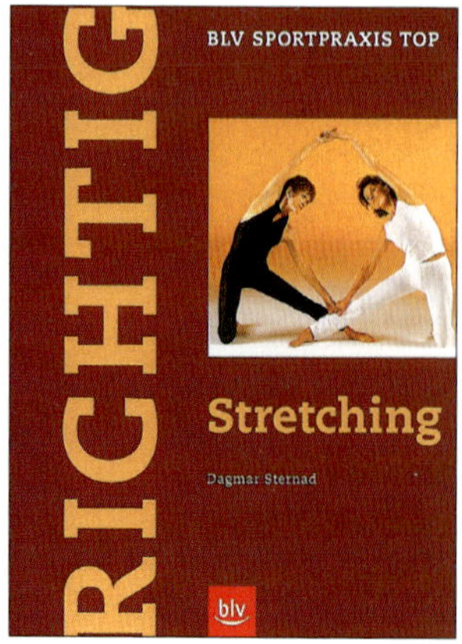

BLV Sportpraxis Top
Dagmar Sternad
Richtig Stretching
Mehr Körperbewusstsein, bessere Atmung und Entspannung mit Stretching: Anatomie, Physiologie, Training, Übungen für alle Muskelgruppen.

blv fitness
Mirelle Dorit Herpel
Rope Skipping
Die neue Form des Seilspringens als gesundheitsorientiertes Fitnessprogramm: Technik, Tricks und Trainingspläne für Einsteiger und Fortgeschrittene.

Im BLV Verlag finden Sie Bücher zu den Themen: Garten und Zimmerpflanzen • Natur • Heimtiere • Jagd und Angeln • Pferde und Reiten • Sport und Fitness • Wandern und Alpinismus • Essen und Trinken

blv

Ausführliche Informationen erhalten Sie bei:

BLV Verlagsgesellschaft mbH • Postfach 40 03 20 • 80703 München
Tel. 089/12705-0 • Fax 089/12705-543 • http://www.blv.de